POLYGLOTT on tour

Azoren

Die Autoren

Stefan U. Mühleisen

Der Journalist und Diplomgeograf erkundete die Azoren auf vielen Reisen zu Wasser, zu Land und aus der Luft.

Manfred Meding

studierte portugiesische Literatur. Als Journalist mit den Schwerpunkten Reise, Kultur und Kulinarisches liegt ihm die regionale Vielfalt Portugals besonders am Herzen.

Susanne Lipps

Die promovierte Geografin besucht die Azoren als Studienreiseleiterin regelmäßig und kennt sich auf den Inseln bestens aus. Als Autorin hat sie für verschiedene Verlage Reiseführer über Portugal und Spanien verfasst. Von ihr stammt u.a. auch der Polyglott on tour »Madeira«.

Das System der POLYGLOTT Sterne

Auf Ihrer Reise weisen Ihnen die Polyglott-Sterne den Weg zu den bedeutendsten Sehenswürdigkeiten aus Natur und Kultur. Für die Vergabe orientieren sich Autoren und Redaktion am UNESCO-Welterbe.

*** eine Reise wert   ** einen Umweg wert   * sehr sehenswert

Unsere Preissymbole bedeuten:

Hotel (DZ)		Restaurant (Hauptgericht)	
●●●	über 100 €	●●●	über 12 €
●●	60 bis 100 €	●●	8 bis 12 €
●	unter 60 €	●	unter 8 €

Reiseplanung

Land & Leute

Unterwegs auf den Azoren

Auf São Miguel, der größten Insel der Azoren, kann man Wandern, Golfen, sich in Thermalbädern entspannen oder durch die Gassen der Hauptstadt Ponta Delgada bummeln. Das kleine Santa Maria bietet vor allem Ruhe und landschaftliche Schönheit.

Die Hauptstadt Terceiras, Angra do Heroísmo, ist UNESCO-Welterbe, den Ort Biscoitos kennt man wegen seines Süßweins und der Fels-Badepools am Meer. Dazu gibt es Kraterkessel und Schwefelgrotten, ebenso wie auf der Nachbarinsel Graciosa.

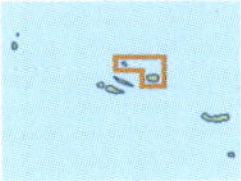

Reiseplanung

Die Reiseregion im Überblick][Die schönsten Touren][Klima und Reisezeit][Anreise][Reisen in der Region][Sport und Aktivitäten][Unterkunft

Die Reiseregion im Überblick

Bekannt sind die Azoren vor allem durch das nach ihnen benannte Hoch, das über der Inselgruppe entsteht, bevor es nach Europa weiterzieht und dort das Wetter bestimmt. Für Reisende sind die neun Vulkaneilande mitten im Atlantik aber nach wie vor ein Geheimtipp.

São Miguel und **Santa Maria** bilden die klimatisch bevorzugte Ostgruppe des Azoren-Archipels. Auf São Miguel gedeihen tropische Früchte, und die Südküste erinnert stellenweise an die Riviera. Im grünen Norden liefern die letzten Teeplantagen Europas handsortierten Tee. Grün und blau schimmern die Seen in den Einsturzkratern Sete Cidades und Lagoa do Fogo. Aus Quellen bei Furnas sprudelt heißes Wasser, das zum Baden und Kuren genutzt wird, und leckere Eintöpfe garen im Boden allein durch Erdwärme. Es gibt Unterkünfte für jeden Geschmack und Geldbeutel: Kleinere und größere Stadthotels in der Hauptstadt Ponta Delgada, ländliche Quartiere in umgebauten Gutshöfen, Bade- und Taucherhotels am Meer. Santa Maria, oft als »Algarve der Azoren« bezeichnet, wird seltener besucht. Am weißen Sandstrand von Praia Formosa ist noch viel Platz. Ansonsten zeigt sich die Insel von den Dimensionen her recht übersichtlich, und selbst der Hauptort Vila do Porto wirkt sehr beschaulich.

Am Nordrand der Mittelgruppe liegen **Terceira** und **Graciosa.** Terceira besaß über Jahrhunderte hinweg den Haupthafen der Azoren und war wichtige Anlaufstelle auf dem Weg über den Atlantik. Dementsprechend ist die Hauptstadt Angra do Heroísmo mit Baudenkmälern reichlich ausgestattet und wurde von der UNESCO als Weltkulturerbe eingestuft. Besuchermagneten sind die Fumarolen Furnas do Enxofre und der Vulkanschlot Algar do Carvão. Der Weinbauernort Biscoitos ist nicht nur für seinen süßen Aperitif berühmt, sondern auch für die attraktiven Felspools am Meer. Das Hotel- und Freizeitangebot auf Terceira ist ähnlich wie auf São Miguel, auch wenn insgesamt weniger Besucher kommen. Die kleine Insel Graciosa hingegen, seit 2007 Biosphärenreservat der UNESCO, ist ein echter Geheimtipp. Auch hier gibt es Fumarolen und Vulkanschlote zu besichtigen, und Thermalquellen speisen ein Kurbad. Für längere Aufenthalte wird allerdings wenig geboten, Unterkünfte und Freizeitmöglichkeiten sind begrenzt.

Der Jachthafen der Hauptstadt Horta verleiht **Faial** im Sommer eine junge, internationale Atmosphäre. Segeln, Tauchen und Whalewatching sind hier angesagt, aber auch Bummeln und Shopping. Ansonsten verteilen sich rings um die relativ kleine Insel einige Bauerndörfer, hinter denen sich Weideland bis zur Caldeira in die Höhe zieht. Wanderer kommen an diesem zentralen Riesenkrater auf ihre Kosten, ebenso wie im jungvulkanischen Westen, wo der durch einen unterseeischen Ausbruch in den 1950er-Jahren entstandene Vulcão dos Capelinhos als jüngster Vulkan der Azoren viele Neugierige anzieht. Die meisten Besucher von Faial wohnen in Horta, aber auch auf dem Land gibt es ruhige Quartiere.

Pico: Erstarrte Lava kann die bizarrsten Formen annehmen

Portugals höchster Berg ist zugleich eine ganze Insel: **Pico.** Der wunderschöne Vulkankegel überragt ein einsames, grünes Hochland mit lauschigen Kraterseen. Unten am Meer erstreckt sich ein Mosaik aus winzigen Weinbergparzellen, von dunklen Lavasteinmauern gesäumt, das der UNESCO die Auszeichnung als Weltkulturerbe wert war. Auch verteilen sich an der Küste kleinere und größere Orte mit komfortablen oder bescheidenen Unterkünften, die allesamt viel unverdorbene Landschaft um sich herum bieten. Nur im Hauptort Madalena gibt es ein größeres Hotel. Pico ist ein Eldorado für Wanderer, Walbeobachter und Taucher, die ein individuelles Ambiente lieben.

Wanderinsel der Azoren schlechthin ist **São Jorge** mit seiner flachen, von niedrigen Vulkankegeln gekrönten Hochebene und den berühmten *fajãs*, Schwemmlandstreifen mit Strandseen unterhalb der Steilküste, von denen einige nur zu Fuß zu erreichen sind. Es gibt nur wenige, dafür aber familiär geführte und behagliche Quartiere. Auch Camping ist auf São Jorge verbreiteter als auf den anderen Inseln. Die Unterhaltungsangebote sind bescheiden, dafür gibt es hier viel Natur, Ursprünglichkeit und den besten Käse der Azoren.

Am äußersten Rand des Archipels liegt die Westgruppe: **Flores** und **Corvo.** Beide Inseln sind Biosphärenreservate der UNESCO. Flores erhält viel Regen durch Tiefausläufer, profitiert allerdings auch in besonderem Maße vom Golfstrom. Der deshalb besonders üppigen Vegetation verdankt die Insel ihren Namen (port. *flores* = Blumen). Mit historischen Gemäuern und urigem Fischerhafen wirkt der Hauptort Santa Cruz fast museal. Hier, aber auch im Fährhafen Lajes oder im Badeort Fajã Grande kann man sich einquartieren. Wanderwege durchziehen das Hochland mit seinen attraktiven Kraterseen und die Steilküste im Westen. Weitere Aktivitäten sind Seekajakfahren, Tauchen und Bootsfahrten. Die winzige Nachbarinsel Corvo ist ein Ziel für absolute Inselfreaks. Es gibt eine Pension, ein Restaurant und zwei Sehenswürdigkeiten: ein Besucherzentrum mit Ausstellungen zu Natur und Kultur sowie den zentralen Vulkankrater Caldeirão.

Die schönsten Touren

Vier Azoreninseln in zwei Wochen

–①– São Miguel › Terceira › Pico › Faial

Dauer:
São Miguel (Ponta Delgada) › Terceira 45 Min. Flugzeit; **Terceira › Pico** 30 Min. Flugzeit; **Pico (Madalena) › Faial (Horta)** ca. 30 Min. Überfahrt per Fähre

Verkehrsmittel:
Flüge mit SATA Air Açores › S. 19 von **São Miguel** nach **Terceira** mehrmals täglich, von **Terceira** nach **Pico** einmal am Tag. Personenfähren der Transmaçor › S. 19 von **Madalena (Pico)** nach **Horta (Faial)** ca. 5 x tgl. Auf den Inseln fährt man mit Mietwagen oder Taxi, da das Busliniennetz nicht dicht genug ist.

Nach der Ankunft in ***Ponta Delgada** › S. 56 auf **São Miguel** bleibt meist Zeit, um in Ruhe ein Quartier zu beziehen, einen abendlichen Bummel durch die Innenstadt zu unternehmen und in einem der kleinen, landestypischen Restaurants einzukehren. Am zweiten Tag steht der Westen der Insel auf dem Programm. Die reizvolle Gegend um den ****Doppelkrater von Sete Cidades** › S. 61 bietet sich für einen Spaziergang an, bevor Sie am Strand von ***Mosteiros** › S. 62 relaxen – einem der besten Badestrände von São Miguel. Den Abend können Sie in einer der lebendigen Kneipen von Ponta Delgada verbringen.

Am dritten Tag erkunden Sie den Süden: Schauen Sie am urigen kleinen Hafen von ***Caloura** › S. 63 den Fischern und Anglern zu, streifen Sie in **Vila Franca do Campo** › S. 65 auf den Spuren der Entdeckungsfahrer durch die Gassen und entspannen Sie sich im riesigen Park von ****Furnas** › S. 65 am Thermalbadeteich. Lassen Sie sich anschließend mit dem berühmten vulkangekochten *cozido* verwöhnen. Ein letzter Tag auf São Miguel: der ursprüngliche, aussichtsreiche Osten bei **Nordeste** › S. 68 und das Teeanbaugebiet von **Porto Formoso** und ***Gorreana** › S. 70 warten auf Sie.

Dann geht es weiter nach **Terceira,** wo Sie in *****Angra do Heroísmo** › S. 81 Quartier beziehen. Der Rest des Tages steht ganz im Zeichen dieser Stadt, die Flair, Historie und Shoppingvergnügen bietet. In weiteren zwei Tagen können Sie in ***Biscoitos** › S. 88 die berühmten Lava-

Von der Igreja Mãe de Deus in Ponta Delgada genießt man einen herrlichen Ausblick

pools genießen, im einsamen Hochland den Erscheinungsformen eines schlummernden Vulkanismus nachspüren, an der lieblichen Ostküste bunte Heiliggeisttempel entdecken und in **Praia da Vitória** › S. 88 den herrlichen Strand genießen.

Weiter fliegen Sie nach **Pico** › S. 110, wo Sie in **Madalena** › S. 114 am Nachmittag vielleicht noch Gelegenheit zu einem Spaziergang entlang der felsigen, von Weingärten gesäumten Küste haben. Am folgenden Morgen ist es günstig, möglichst früh ins zentrale Hochland zu fahren, bevor sich dort im Tagesverlauf Wolken bilden. Zum Lunch bietet sich **Lajes** › S. 119 an, wo auch das Walmuseum quasi zum Pflichtprogramm gehört. An einem weiteren Tag möchten Sie vielleicht eine komplette Inselumrundung unternehmen – mit Stopps an der Ostspitze, der **Ponta da Ilha** › S. 121, und im Kunsthandwerkerdorf **Santo Amaro** › S. 121.

Die Überfahrt per Boot nach **Faial** › S. 95 erfolgt am Morgen, um genügend Zeit für einen Bummel durch die Hafenstadt ****Horta** › S. 99 zu haben, am Jachthafen Seglerflair zu genießen und Peters Scrimshaw-Museum zu besuchen. Denn am nächsten Tag steht eine Rundfahrt um die Insel an, mit dem Highlight ****Vulcão dos Capelinhos** › S. 108. Für ein Bad im Lavapool und zur Einkehr ist **Varadouro** › S. 109 die beste Adresse. Zum Abschluss der Reise sollten Sie die Auffahrt zur ***Caldeira** › S. 105 nicht versäumen. Diesen letzten Tag beenden Sie in aller Ruhe am Strand von **Praia do Almoxarife** › S. 105.

Zwei Wanderwochen auf Faial, Pico und São Jorge

2 Faial › Pico › São Jorge › Faial

Dauer:

Faial (Horta) › Pico (Madalena) ca. 20 Min. Fährüberfahrt; **Pico (São Roque) › São Jorge (Velas)** ca. 30 Min. Fährüberfahrt; **São Jorge (Velas) › Faial (Horta)** ca. 90 Min. Fährüberfahrt

Verkehrsmittel:

Personenfähren der Transmaçor › S. 19 von **Faial (Horta)** nach **Pico (Madalena)** ganzjährig ca. 5 x tgl.; Anschluss mit Personenfähre der Transmaçor von **Pico (São Roque, z.T. auch Madalena)** nach **São Jorge (Velas)** ganzjährig ca. 2 x tgl. Auch die Rückfahrt von Velas nach Horta erfolgt mit der Personenfähre ca. 2 x tgl. Außerdem sind alle drei Inseln durch Flüge der SATA Air Açores › S. 19 miteinander verbunden.

Auf den Inseln können sich Wanderer per Taxi zum Ausgangspunkt fahren und am Endpunkt wieder abholen lassen. Einige Touren sind auch per Mietwagen oder Linienbus zu realisieren.

Für den Tag nach der Anreise sollten Sie die Wanderung (3 Std.) rund um die ***Caldeira** auf **Faial** einplanen › S. 105. Diese Tour ist wetterabhängig, denn oft ist der Gipfelbereich wolkenverhangen. Dann besteht die Möglichkeit mit der zweiten Wanderung (2,5 Std.) zu tauschen, die rund um den Vulkankegel **Cabeço da Fonte** führt › S. 107. Den Rest des Tages füllen Badestopps, Besichtigungen, Picknicks und Einkehr in ländlichen Lokalen.

Dann setzen Sie nach **Pico** über, wo **Madalena** › S. 114 der zentralste Standort ist. Den Rest des Tages relaxen Sie am Hotelpool oder widmen sich den bescheidenen Sehenswürdigkeiten des Ortes. Außerdem ist es sinnvoll, sich bereits jetzt um einen Bergführer für die übernächste Tour, die Besteigung des Pico, zu kümmern. Erst folgt jedoch die

Küste von São Jorge mit ihren Lagunen

Auffahrt zur Vulkanhöhle **Furna de Frei Matias** › S. 116 mit anschließendem Abstieg (3 Std.) über den romantischen Park der **Quinta das Rosas** › S. 114, wo Sie den mitgenommenen Proviant auspacken können. Am nächsten Morgen wird früh aufgebrochen, rund drei Stunden vor Sonnenaufgang, um den Gipfelblick vom ****Pico** möglichst wolkenfrei zu erleben (Auf- und Abstieg 6 Std. › S. 118). Zur Erholung steht einen Tag später eine beschauliche Küstenwanderung (1,5 Std.) nach **Calhau** › S. 116 auf dem Programm.

Auf **São Jorge** beziehen Sie im Hauptort **Velas** › S. 126 Quartier. Weitere drei Touren stehen jetzt an: ein Rundweg (4 Std.) an der Westspitze **Ponta dos Rosais** › S. 127, ein steiler Abstieg (4 Std.) zur Küstenebene **Fajã dos Cubres** › S. 131 und ein gemütlicher Höhenweg (4,5 Std.) über den **Pico da Esperança** › S. 131 mit Panoramablicken. Zwischendurch gönnen Sie sich einen Ruhetag, um eine Käserei zu besichtigen oder einen Ausflug in den Inselosten zu unternehmen. Dann fahren Sie zurück nach Faial, um dort am letzten Tag noch einmal die Stadt Horta zu genießen oder zum Whalewatching (› Special S. 34) auszulaufen, bevor die Rückreise ansteht.

Für Inselfans: Der ganze Archipel mit dem Fährschiff in fünf Wochen

3 São Miguel › Santa Maria › São Miguel › Terceira › Graciosa › São Jorge › Pico › Faial › Flores › Corvo › Flores › Faial › São Miguel

Dauer:

Dauer der Fährüberfahrten: **Ponta Delgada (São Miguel) › Vila do Porto (Santa Maria)** 3,5 Std.; **Ponta Delgada › Praia da Vitória (Terceira)** 5,5 Std.; **Praia da Vitória › Graciosa** 3,5 Std.; **Graciosa › Velas (São Jorge)** 2,5 Std.; **Velas › São Roque (Pico)** 35 Min.; **Madalena (Pico) › Horta (Faial)** 30 Min.; **Horta › Flores** 8 Std.; **Flores › Corvo** 40 Min.; **Horta › Ponta Delgada** 9 Std.

Verkehrsmittel:

Diese Tour ist fahrplanbedingt nur Mitte Juni–Anfang Sept. durchführbar. Auf Langstrecken verkehren Fährschiffe der Reederei Atlântico Line › S. 19. Für die kürzeren Überfahrten zwischen Faial, Pico und São Jorge sind Personenfähren der Transmaçor › S. 19 im Dienst. Corvo wird ab Flores von einer Personenfähre der Atlântico Line im Sommer alle 2 Tage angefahren.

Auf den Inseln kommen als Verkehrsmittel je nach Ziel und Zeitrahmen Mietwagen, Taxis und Linienbusse in Frage.

Die ersten zwei oder drei Tage sind **São Miguel** gewidmet, wo Sie am besten Quartier in der Haupt- und Hafenstadt ***Ponta Delgada** › S. 56 beziehen. Von dort unternehmen Sie Ausflüge in den Westen der Insel zur ****Caldeira das Sete Cidades** › S. 61 und in den Osten nach ****Furnas** › S. 65 mit seinen heißen Thermalquellen. Dann geht es zur kleineren Nachbarinsel **Santa Maria** › S. 72. Abhängig vom Fahrplan bleiben Sie hier etwa drei Nächte, am besten im Hafenort **Vila do Porto** › S. 72. Auf Santa Maria lässt sich eine schöne Wanderung zum höchsten Gipfel, dem **Pico Alto** › S. 74 unternehmen. Ein weiteres lohnendes Ziel ist der Sandstrand ***Praia Formosa** › S. 74.

Zurück auf São Miguel müssen Sie ein oder zwei Zwischenübernachtungen einplanen, bevor die Fähre Richtung **Praia da Vitória** › S. 88 auf **Terceira** ablegt. Wieder stehen ca. drei Übernachtungen an, am schönsten in *****Angra do Heroísmo** › S. 81. Sie können nun diese angenehme Stadt genießen und Ausflüge in die vulkanische Bergwelt oder zu den Lavapools von ***Biscoitos** › S. 88 unternehmen.

Anfahrt auf Pico

Weiter geht es von Praia da Vitória mit der Autofähre nach ***Graciosa › S. 92. Dort wird vielleicht fahrplanbedingt ein Aufenthalt von mehreren Tagen fällig, an denen Sie es ruhig angehen lassen können, denn ein Tagesausflug genügt, um die ganze Insel kennenzulernen. Der Thermalkurort **Carapacho** › S. 94 bietet sich zum Relaxen an.

Dann setzen Sie, wiederum mit der Autofähre und eventuell mit Zwischenstopps, nach **Velas** auf **São Jorge** › S. 123 über. Hier sollte die Zeit zumindest für eine eintägige Inselrundfahrt reichen, wobei Sie die **Fajã dos Cubres** › S. 131 ebensowenig versäumen sollten wie die Westspitze **Ponta dos Rosais** › S. 127.

Nach der kurzen Überfahrt nach **São Roque** auf **Pico** beziehen Sie Quartier in **Madalena** › S. 114. Hier können Sie entlang der flachen Felsküste spazieren, eine hübsche Badebucht suchen, das Weinmuseum und eine Vulkanhöhle besichtigen. Eine Inselrundfahrt mit Stopp im Walfängerort **Lajes** › S. 119 und Zwischenübernachtung in **Piedade** › S. 120 kann anschließen.

Nach zwei oder drei Tagen setzen Sie von Madalena zu ihrem nächsten Ziel über, der Stadt **Horta** auf der Insel **Faial** › S. 95. Hier sollten Sie zumindest zweimal übernachten, um einen vollen Tag für eine Inselrundfahrt mit Besuch der ***Caldeira** › S. 105 und des ****Vulcão dos Capelinhos** › S. 108 zur Verfügung zu haben. Die verbleibende Zeit nutzen Sie, um das Flair der Hafenstadt Horta auszukosten.

Dann besteigen Sie das Fährschiff nach ***Flores › S. 135. Da diese Insel nur einmal pro Woche auf dem Fahrplan steht, ist dort ein längerer Aufenthalt angesagt. Die Zeit geht jedoch wie im Flug vorüber, wenn Sie die Kraterseen auf dem grünen Hochland oder die bizarren Steilküsten erwandern, eine Bootsfahrt zur **Gruta dos Enxaréus** › S. 136 unternehmen oder sich mit dem Seekajak aufs Meer wagen. Zwischendurch lohnt ein Abstecher nach ***Corvo › S. 139, entweder als Tagesausflug oder mit zwei Übernachtungen (rechtzeitig anmelden), um die unvergleichliche Ruhe dieser Insel und ihrer Bewohner zu genießen.

Auf der Rückreise gehen Sie noch einmal in Horta (Faial) an Land, wo wiederum etwa zwei Zwischenübernachtungen fällig sind. Jetzt bieten sich eine Ausfahrt zum Whalewatching oder ein gemütlicher Badetag an der **Praia do Almoxarife** › S. 105 an. Etwa drei Tage vor Ihrem Heimflug müssen Sie die Rückfahrt nach Ponta Delgada antreten. Dort ist also noch Gelegenheit für weitere Unternehmungen oder zum Entspannen am Hotelpool oder Strand.

Touren in den Regionen

Touren	Region	Dauer	Seite
São Miguel umfassend erlebt	São Miguel	3 Tage	51
Die prächtigsten Gärten auf São Miguel	São Miguel	2 Tage	52
Wanderungen zu den schönsten Kraterseen auf São Miguel	São Miguel	3 Tage	53
Highlights von Santa Maria	Santa Maria	1 Tag	53
Zwei-Insel-Tour	Terceira und Graciosa	1 Woche	77
Terceiras bunteste Heiliggeist-tempel	Terceira	1 Tag	79
Einmal rund um die Insel	Faial	1 Tag	96
Zwei Vulkanwanderungen	Faial	2 Tage	97
Route für Mountainbiker	Faial	2–3 Std.	97
Inselrundfahrt komplett	Pico	2 Tage	111
Auf den Spuren der Walfänger	Pico	2 Tage	112
Inselrundfahrt kompakt	São Jorge	1 Tag	124
Die schönsten Wanderungen	São Jorge	3 Tage	125
Die zwei Westinseln intensiv	Flores und Corvo	3 Tage	133
Zwei Wanderungen auf der Blumeninsel	Flores	2 Tage	134

Klima und Reisezeit

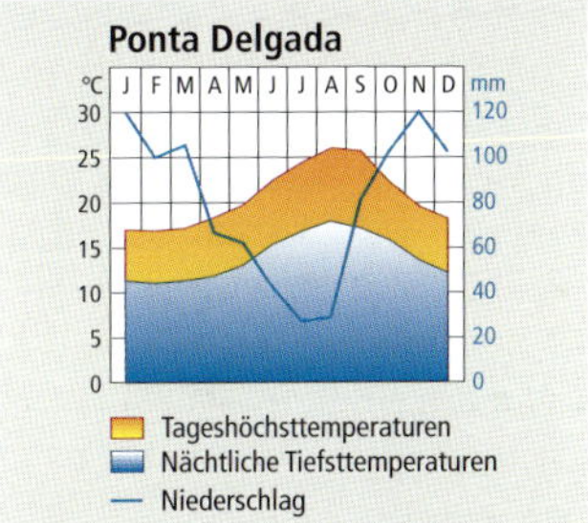

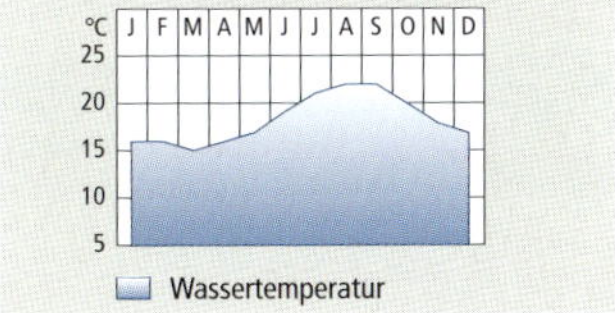

Zwar bringt das Azorenhoch, das sich regelmäßig über dem Atlantik südlich des Archipels aufbaut, Europa sonniges Wetter. Doch auf den Inseln selbst hat jeder Tag vier Jahreszeiten – sagen die Azorianer. Gemeint sind schnelle Wechsel von Regenschauern und Sonnenschein, Sturmböen und Windstille. Die Nordküsten erleben fast immer starken Seegang und Wind. Die Südseiten vor allem der höheren Inseln genießen generell ein milderes Klima. Häufig in Nebelbänke hüllen sich die Berge, sodass Wanderer die Sonnenlöcher nutzen sollten. Als wärmste Insel gilt Santa Maria. Je weiter man innerhalb des Archipels nach Westen kommt, umso rauer kann das Wetter werden. Dies gilt insbesondere für Flores und Corvo.

Allgemein sind die Temperaturen ganzjährig recht ausgeglichen. Sie schwanken tagsüber etwa zwischen 14 °C im Februar und 28 °C im August. Nachts kühlt es nur wenige Grad ab. Generell ist die Luftfeuchtig-

Wann wohin?

Ein Event, der das Herz von Blumenliebhabern höher schlagen lässt, ist die Hortensienblüte. Sie erstreckt sich von Ende Juni in den tieferen Lagen bis in den September hinein in den Bergen. Im September wird sie durch die Ingwerblüte abgelöst. Dann entfalten sich überall die attraktiven, orangefarbenen Rispen der Girlandenblume (Zier-Ingwer). In der Osterzeit blühen zahlreiche Azaleen und Rhododendren. Wer die Azorianer beim Feiern erleben möchte, sollte zu Pfingsten anreisen, der Zeit der Heiliggeistfeste › S. 42.
Vielerorts werden sie aber auch noch an den folgenden Wochenenden bis weit in den Sommer hinein begangen. Speziell in Ponta Delgada ist die Festa do Senhor Santo Cristo dos Milagres fünf Wochen nach Ostern ein Höhepunkt des Festtagskalenders › S. 42. Im August steigt auf Santa Maria das internationale Musikfestival »Maré de Agosto«, auf Faial die »Woche des Meeres« und auf Pico das Walfängerfest.

keit recht hoch. Schwülwarm wird es im August und September. Die Niederschläge verteilen sich gleichmäßig über das Jahr, stärkere Winde sind eher im Winter zu verzeichnen. Ganzjährig gehören robuster Regenschutz und ein winddichter Anorak ins Gepäck, zwischen Oktober und Mai auch ein wärmender Pullover

Beliebteste Reisezeit ist der Sommer (Juni bis September). Diese Zeit fällt mit der Badesaison zusammen. Im Juli/August urlauben viele Emigranten aus Übersee auf den Inseln. Dann sind die begrenzten Bettenkapazitäten schnell ausgebucht. Also empfehlen sich eher der Juni oder September für eine Reise auf die Azoren. Besonderen Reiz haben die Übergangszeiten (Oktober und April/Mai) sowie die eigentlichen Wintermonate, wenn kaum Touristen unterwegs sind, aber an manchen Tagen strahlender Sonnenschein auf die Inseln fällt.

Anreise

Air Berlin (www.airberlin.com) fliegt im Sommer 1 x pro Woche nonstop von Düsseldorf nach Ponta Delgada (São Miguel), im Winter von Nürnberg. Innerhalb Deutschlands bestehen Anschlüsse zu vielen Flughäfen. Außerdem fliegt **SATA Internacional** (www.sata.pt) von Frankfurt 1 x pro Woche (Juni–Sept. 2 x pro Woche) nach Ponta Delgada (Flugzeit 4–5 Std.). Ansonsten geht es stets über Lissabon. Von dort gelangt man mehrmals täglich mit **TAP Portugal** (www.flytap.com) oder SATA in ca. 2 Std. auf die Azoren. Angeflogen werden Ponta Delgada, Santa Maria, Terceira und Horta (Faial). Nach Lissabon besteht täglich Anschluss ab Frankfurt, München, Düsseldorf, Stuttgart, Hamburg, Berlin, Wien, Zürich und Genf mit TAP, Lufthansa, Austrian Airlines und Swiss.

Bei Air Berlin sind Hin- und Rückflug ab Düsseldorf mit etwas Glück für 300–400 € zu haben, die SATA verlangt von Frankfurt ab ca. 400 €. Teurer wird es mit TAP Portugal (Economy Class hin und zurück ca. 700 €). (Stand: Frühjahr 2012). Fährverbindungen von den Azoren zum Festland existieren nicht.

Reisen in der Region

Inlandflüge

Die Fluggesellschaft **SATA Air Açores** (www.sata.pt) bedient alle Inseln mit neuen Propellermaschinen der Typen Bombardier Dash Q200 Nextgen und Dash Q400 Nextgen. Pufferzeiten muss man – gerade wenn es um den Urlaubsrückflug geht – einplanen, da Abflüge sich wetterbedingt verzögern können.

Touristen erhalten auf die regulären Flugpreise ca. 20 % Rabatt. Um den Touristentarif zu erhalten, muss man nachweisen, wann man auf die Azoren eingereist ist (Flugticket aufbewahren oder die Inlandsflüge schon zu Hause im Reisebüro buchen). Preisbeispiele Touristentarif: Ponta Delgada (São Miguel) – Terceira ca. 71 €, Ponta Delgada – Santa Maria ca. 48 € (Frühjahr 2012, jeweils einfache Strecke).

Schiffsverbindungen

Die **Atlântico Line** (Fahrplan: www.atlanticoline.pt) betreibt zwei Autofähren: Die »Santorini« verkehrt Mitte Mai bis Ende September zwischen den Inseln der Ost- und Mittelgruppe. Von Mitte Juni bis Anfang September erhält sie Verstärkung durch die »Hellenic Wind«. Dann wird auch Flores bedient.

Preisbeispiele: Ponta Delgada (São Miguel) – Praia da Vitória (Terceira) ca. 50 €, Ponta Delgada – Vila do Porto (Santa Maria) ca. 30 € (Sommer 2012; jeweils pro Person einfach). Vorausbuchung nicht nötig, Ticketverkauf in Reisebüros vor Ort. Kabinen gibt es nicht, die Fahrten erfolgen tagsüber. Außerdem bedient die Atlântico Line ganzjährig die Strecke Flores – Corvo alle 2–4 Tage mit der Personenfähre »Ariel« (Fahrpreis einfach 10 €).

Personenfähren der **Transmaçor** (Tel. 292 200 380, www.transmacor.pt) verkehren zwischen den Inseln Faial, Pico und São Jorge. Die Strecke Horta (Faial) – Madalena (Pico) wird ganzjährig ca. 5 x tgl. bedient, die Strecke von Horta (Faial) über São Roque (Pico) nach Velas (São Jorge) ca. 2 x tgl. Im Hochsommer gibt es nach Bedarf zusätzliche Fahrten. Die Gesellschaft verfügt über zwei Einrumpfboote und eine schnelle Katamaranfähre.

Preise Sommer 2012, einfach: Horta – Madalena 3,40 €, Horta – Velas 15,10 €. Tickets am Hafenschalter.

Auf den Inseln

Mietwagen: Recht verbreitet sind Mietwagen. Wer eine Unterkunft über einen Reiseveranstalter bucht, kann den Wagen meist schon mitbuchen, was manchmal günstiger ist als die Anmietung vor Ort.

Special

Unterwegs mit Kindern

Angebote oder Einrichtungen für kleinere Kinder gibt es auf den Azoren kaum. Größere Kinder finden Gefallen an den Reitmöglichkeiten › S. 21 und am Whalewatching und Schwimmen mit Delfinen › S. 35.

Im Hotel und Restaurant

Größere Hotels stellen Kinderbetten und Hochsstühle zur Verfügung und organisieren vielfach auf Wunsch einen Babysitter-Service. Familien sind aber oft besser im Ferienhaus aufgehoben › S. 27. Vor allem in einfacheren Lokalen und Ausflugsrestaurants sind Kinder gern gesehene Gäste. Kinderteller gibt es meist nicht, aber fast überall kann man halbe Portionen *(meia dose)* bestellen.

Baden und andere Aktivitäten

Für einen reinen Badeurlaub mit Kindern eignen sich die Azoren nicht. Es gibt nur wenige Sandstrände, die einigermaßen sicher sind › S. 24. Die vielerorts vorhandenen Felsbadeanlagen sind für kleinere Kinder gefährlich. In den Thermalbädern vergnügt sich ein eher gesetztes Publikum. In Vila Franca do Campo (São Miguel) gibt es neben der Marina einen Wasservergnügungspark mit Rutschen und Pools.

Größere Kinder können durchaus auf Wanderungen mitgenommen werden. Spannend ist auch die Besichtigung einer Vulkanhöhle. Auf Faial kann man auf Jachten mitsegeln oder Mountainbike fahren.

Badespaß

Aquaparque Atlântico Splash
Vila Franca do Campo
Praia Vinha d'Areia
Tel. 296 539 160
http://splash.atlanticovila.pt
Juni–Mitte Sept. 10–19 Uhr, Eintritt je nach Alter und Saison 1–5 €.

Ansonsten gibt es an den Flughäfen (außer auf Corvo) Büros von internationalen und örtlichen Mietwagenfirmen. Auch Hotels helfen bei der Vermittlung. Auf São Miguel, Terceira und Faial kostet die Wagenmiete pro Tag (inkl. Steuern und Vollkaskoversicherung, ohne Kilometerbegrenzung) ab ca. 50 €. Teurer wird es z.T. auf den anderen Inseln.

Taxis: Berechnet wird ein Mindestpreis von ca. 3 € und dann pro Kilometer (ca. 0,60–0,75 €; Komplettmiete halbtags ca. 60 €, ganztags ca. 100–130 € je nach Fahrstrecke.

Linienbusse: Die Liniennetze auf São Miguel und Terceira sind relativ dicht. Auf den anderen Inseln verkehren nur wenige Busse. Für Touren und Ausflüge, speziell in die zentralen, gebirgigen Teile der Inseln, sind Busse daher nur in seltenen Fällen geeignet.

Sport und Aktivitäten

Wandern

Die wohl wichtigste Urlaubsaktivität auf den Azoren ist das Wandern. Erkunden lassen sich die Inseln auf Forstpisten, Viehauftriebswegen *(canadas)* und Fußpfaden. In diesen Führer wurden die schönsten Touren in Form von Kurzbeschreibungen aufgenommen. Bei der Durchführung helfen spezielle Wanderbücher (im deutschsprachigen Buchhandel). Eigentliche Wanderkarten gibt es nicht. So ist man auf Straßenkarten angewiesen, in denen Wanderwege teilweise verzeichnet sind. Verschiedene Spezialveranstalter bieten Gruppen-Wanderreisen auf die Azoren an. Zur Ausrüstung sollten regen- und winddichte Kleidung sowie knöchelhohe Trekkingstiefel zählen.

Aufstieg zur Lagoa do Fogo, São Miguel

Reiten

Speziell auf São Miguel und Terceira wird Reiten großgeschrieben und hat eine lange Tradition, die auf den Großgrundbesitz in der Blütezeit des Orangenanbaus zurückgeht. Auf beiden Inseln gibt es zu Landhotels umgebaute Gutshöfe, die Pferde für ihre Gäste bereithalten, z.B. auf São Miguel die Casa do Monte (Santo António), Quinta das Queimadas (bei Nordeste) und Quinta de Santana (bei Rabo de Peixe), auf Terceira die Quinta do Rossio (Biscoitos) und die Quinta do Martelo (São Mateus da Calheta). Einzelheiten sind bei den jeweiligen Ortsbeschreibungen genannt.

Echt gut! Ein regelrechter **Reiterhof mit reinrassigen und gekreuzten lusitanischen Pferden** ist auf São Miguel die **Quinta da Terça** in Livramento bei Ponta Delgada (Rua Padre Domingos, Tel. 296 642 134, www.quintadaterca.com, ●●). Neben abwechslungsreichen Ausritten (1–3 Std., halbtägig oder ganztägig) wird auf Anfrage auch Unterricht angeboten, und eine Reithalle ist ebenfalls vorhanden. Die Unterbringung erfolgt in fünf komfortablen Zimmern im alten Herrenhaus (16. Jh.).

Radfahren

Auf den Azoren gibt es viele verkehrsarme Nebenstraßen, asphaltierte Feldwege und Pisten. Für Mountainbiker sind die Inseln dadurch ein interessantes Terrain. Ausgewiesene Routen gibt es nicht. Wer einen kompletten Fahrradurlaub plant, sollte das Rad von zu Hause mitbringen (Mitnahme im Flugzeug vorher anfragen). Innerhalb der Azoren ist der Transport nur per Fähre möglich. Ersatzteile sind schwer erhältlich, daher empfiehlt sich die Mitnahme des Nötigsten. Gelegenheitsfahrer können Mountainbikes auf den Azoren ab 10 € pro Tag mieten:

■ **Vasco Carvalho**

Insel São Miguel, Ponta Delgada][Rua António Joaquim Nunes Silva 55
Tel. 296 628 304

■ **Peter Café Sport**

Insel Faial, Horta › S. 99. Im Angebot sind auch verschiedene geführte Touren, z.B. Transfer zur Caldeira mit Downhill von 1000 Höhenmetern per Bike.

■ **Espaço Talassa**

Insel Pico, Lajes do Pico › S. 34.

Golf

Auf den Azoren gibt es drei Golfplätze. Weitere Informationen: www.portugalgolf.de.

■ **Batalha Azalea Golf**

Insel São Miguel, Fenais da Luz
Tel. 296 498 540
27-Loch-Kurs (auch Batalha Golf), 8 km nördlich von Ponta Delgada, Green Fee 80 €.

■ **Furnas Cedars Golf**

Insel São Miguel, bei Furnas
Tel. 296 584 341
18-Loch-Platz, Green Fee 80 €.

■ **Ilha Terceira Golf**

Fajãs da Agualva][Tel. 295 902 444][www.terceiragolf.com

In schöne Landschaft eingebettete 18-Loch-Anlage, Green Fee 30–50 €.

Segeln und Seekajak

Der wichtigste Jachthafen der Azoren befindet sich in Horta. Dort kann man die 31-Fuß-Jacht **Ufonium** von Miguel Toscano komplett mit Skipper für individuelle Törns innerhalb der Mittelgruppe der Azoren chartern. Buchung mindestens vier Wochen vor dem geplanten Termin, Tel. 934 108 720, http://sailingazores.planetaclix.pt, max. 5 Personen, pro Tag 200 €.

Seekajaks vermieten in Lajes do Pico **Espaço Talassa** › S.34, in Santa Cruz da Graciosa **Nautigraciosa** (Rua Corpo Santo 11, Tel. 295 732 811, www.divingraciosa.com) für ca. 20 € (halber Tag). Auf São Jorge organisiert **AvenTour** (Calheta, Rua Nova 91, Tel. 295 416 424, www.aventour-net.com) dreistündige geführte Kajaktouren (50 € pro Person).

Auf Flores bietet **Argonauta Kajakverleih, geführte Wanderungen und Unterkunft** › S. 138. Echt gut!

Tauchen

Taucher finden um die Azoren ein interessantes Revier mit unzähligen Tauchspots und werden vom Artenreichtum der Fische und anderen Meerestiere überrascht sein. Im Sommer (speziell August/September) ist die Chance groß, einem Manta zu begegnen. Tauchbasen:

■ **Espirito Azul**

São Miguel, Vila Franca do Campo][Tel. 914 898 253][www.espiritoazul.com

Professionell arbeitende Basis, auch Schnorcheln.

■ **Wahoo Diving**

Santa Maria, Forno][Tel. 296 884 005][www.wahoo-diving.de

Gestartet wird per Schlauchboot je nach Wetterlage in Vila do Porto oder in der Baía de São Lourenço. Deutschsprachig.

■ **Anfibius**

Terceira, Angra do Heroísmo][Tel. 912 596 541][www.anfibius.com

Tauchen im Archäologischen Unterwasserpark von Angra; PADI-Kurse (auch engl.).

■ **Norberto Diver**

Faial, Horta][Tel. 292 293 891][www.norbertodiver.com

Auch Whalewatching, Delfinschwimmen und Ausflüge sind im Programm.

■ **Pico Sport**

Pico, Madalena][Tel. 292 622 980][www.whales-dolphins.net

Die deutschsprachige Basis organisiert neben Whalewatching auch Tauchgänge zu mehr als 30 Spots. Ausrüstung ist nach Möglichkeit mitzubringen.

■ Außerdem sind dem **Caloura Hotel Resort** › S. 64 in Caloura auf São Miguel und dem **Hotel Ocidental** › S. 136 in Santa Cruz das Flores Tauchbasen angeschlossen.

Special

Mehr als nur Strände

Auf den Azoren gibt es nicht viele Sandstrände, und Baden im Meer ist wegen der Brandung nicht überall ungefährlich. Allerdings haben die Azorianer mit Felspools eine Alternative geschaffen. Wem das Meerwasser zu kalt ist, wird sich auch gerne in wohlig-warmen Thermalbecken vergnügen.

Strände: klein aber fein

Den längsten Badestrand der Azoren besitzt **Praia da Vitória** (Terceira › S. 88). Durch Wellenbrecher ist er besonders sicher und auch für Kinder geeignet. Komfort bietet ein Strandbad mit Duschen und Umkleidekabinen.

Landschaftlich traumhaft gelegen, aber auch der Brandung stärker ausgesetzt ist die **Praia dos Mosteiros** an der Nordwestküste von São Miguel. Gefahrloser badet man am Strand von **Ribeira Quente** im Süden der Insel. Warme Quellen, die unter dem Meeresspiegel sprudeln, sorgen dort für angenehme Wassertemperaturen. Normalerweise erreicht der Atlantik bei den Azoren selbst im August kaum mehr als 22 °C. Badesaison ist von Juni bis November, wenn die Wassertemperaturen über 18 °C liegen.

!! Baden im Atlantik bei ablaufendem Wasser ist nicht ungefährlich – auch geübte Schwimmer wurden schon abgetrieben.

Warnflaggen

Auch die Lavapools sind nicht bei jeder Wetterlage zu benutzen! Flaggen zeigen die aktuelle Situation:

Grün = keine Gefahr

Gelb = Baden nur für geübte Schwimmer

Rot = Baden verboten

Örtliche Tageszeitungen veröffentlichen die Zeiten des höchsten *(maré alta)* und niedrigsten Wasserstandes *(maré baixa)*.

Pools im Lavafels

Die schönsten Lavapools befinden sich in **Biscoitos** (an Terceiras Nordküste › S. 89). Je nach Gezeitenstand schwimmt man im geschützten inneren Teil oder im offenen Meer. Betonierte Liegeflächen, Umkleidekabinen und Duschen machen aus der Anlage ein gepflegtes Schwimmbad.

Der Lavapool von **Varadouro** (Faial › S. 109) ist nur im Sommer in Betrieb. Wenn er kein Wasser enthält, badet man direkt im Meer in einer geschützten Felsbucht. Mit allen Einrichtungen versehen wurde die große Felsbadeanlage von **Madalena** › S. 114 im Nordwesten von Pico. Vielleicht noch schöner, weil naturbelassener, ist das Lavabad von **Santo António** in der Baia da Furna (westlich von Cais do Pico an der Nordküste).

Relaxen im Thermalbad

Heiße Quellen und stilvolles Jahrhundertwende-Ambiente bieten Wellness auf romantische Art. Stets über 30 °C warm ist der Badeteich im Park von **Furnas** (São Miguel › S. 65), das größte Thermalbecken der Welt!

Im noblen Hotel **Terra Nostra Garden** › S. 66 in Furnas lässt sich sehr angenehm kuren. Park und Thermalbad stehen Hotelgästen frei zur Verfügung. Im angeschlossenen Gartenhaus **Casa do Parque** nutzt ein deutscher Arzt für chinesische Medizin die Heilquellen für eine entspannte Kur.

Das wesentlich kleinere, fast naturbelassene Thermalbecken **Poça da Dona Beija** am oberen Ortsrand von Furnas, auch Paradise Pool genannt, besuchen gern einheimische Ausflügler.

Durch seine wildromantische Umgebung besticht, ebenfalls auf São Miguel, das frei zugängliche Becken von **Caldeira Velha** › S. 71, das von einem warmen Wasserfall gespeist wird. Das Kurhaus im nostalgischen Badeort **Caldeiras da Ribeira Grande** › S. 71 bietet heiße Wannenbäder und soll demnächst gründlich renoviert werden.

Im Süden Graciosas besitzt **Carapacho** › S. 94 eine Thermalquelle und ein wunderschönes altes Kurhaus, das zu einer modernen Therme für Genießer mit Innen- und Außenpool und Erholungszonen umgebaut wurde.

- **Thermalschwimmbecken Furnas**
Tel. 296 549 090
Mo–Sa 9.30–18.30 Uhr.
Eintritt 5 € (inkl. Park).
- **Poça da Dona Beija, Furnas**
Tgl. 7–23 Uhr, Eintritt 2 €.
- **Thermalbad Caldeiras**
Wannenbäder nach Voranmeldung unter **Tel. 919 800 441.**
- **Thermalbad Carapacho**
Tel. 295 714 212
Di-Fr 10-19, Sa/So 14-19 Uhr.

! FKK und oben ohne sind auf den Azoren offiziell nirgendwo erlaubt. Einheimische sehen es auch bei Touristen nicht gern.

Unterkunft

Knapp 10 000 Gästebetten gibt es auf den Azoren, davon über die Hälfte auf São Miguel. Für die kommenden Jahre ist ein Ausbau auf maximal 15 000 geplant. Lange Zeit ein Ziel für Individualisten, machen sich die Azoren jetzt auf den Weg zur Trenddestination. Die Unterkünfte werden schicker und komfortabler. Designhotels entstehen ebenso wie romantische Landhotels in umgebauten Gutshäusern. Daneben gibt es aber nach wie vor einfachere Hotels, Pensionen und Ferienhäuser für den kleineren Geldbeutel. Die Preisangaben in diesem Buch beziehen sich in der Regel auf die Hauptreisezeit im Sommer; zu anderen Zeiten kann man oft billiger wegkommen.

Hotels und Pensionen

In Portugal werden **Hotels** mit einem bis fünf Sternen dekoriert. Auf den Azoren sind am häufigsten Häuser der Drei- und Viersternekategorie anzutreffen. Die meisten befinden sich in den jeweiligen Inselhauptstädten und werden sowohl von Touristen als auch von Geschäftsreisenden genutzt. Auf São Miguel und Terceira gibt es auch einige ausgesprochene Urlauberhotels. Komfort und Service entsprechen mitteleuropäischen Häusern der Mittelklasse. Die mit bis zu vier Sternen klassifizierten **Pensionen** *(pensões)* sind in der Regel auf einheimische Gäste zugeschnitten. Ihre Ausstattung reicht von spartanisch bis einfach. Komfortabler wird in einem **Residencial** übernachtet, einer Art gehobener Pension. Das Frühstück ist bei Hotels und Pensionen in der Regel inbegriffen.

Turismo Rural

Das recht beachtliche Angebot an ländlichen Unterkünften ist in fünf Kategorien gegliedert. Am häufigsten ist die Kategorie TR (Turismo Rural), wobei es sich um renovierte Bauernhäuser handelt. Da nicht allzu viele Zimmer zur Verfügung stehen, empfiehlt sich frühzeitige Buchung. Herrschaftliche **Quintas** (TH = Turismo de Habitação) liegen inmitten riesiger Anbauflächen und sind meist luxuriös ausgestattet. Unter die Kategorie CC (Casas do Campo) fallen traditionelle Landhäuser für Selbstversorger. Offizielle Buchungsseite für ländlichen Tourismus: www.azoresrural.com.

Apartments und Ferienhäuser

Speziell bei den Emigranten, die häufig die Sommerferien in ihrer Heimat verbringen, erfreuen sich **Apartments** einer gewissen Beliebtheit. Apartmentanlagen gibt es vor allem auf São Miguel, sehr verbreitet sind sie aber nicht. Die Wohneinheiten sind oft für vier oder sechs Personen konzipiert und mit Kochnische ausgerüstet.

Eine in der Regel nettere Alternative stellen **Ferienwohnungen** und **Ferienhäuser** in ländlichen Gebieten dar. Auf São Miguel sind sie häufig bei Mosteiros, Ginetes und Bretanha anzutreffen (Vermittlung: Tel./Fax 296 917 132, Tel./Fax 296 295 348, Tel. 296 917 049). Vermittlung auf Pico Tel. 292 622 499; auf Terceira Tel. 295 214 210.

Jugendherbergen

Die vier Jugendherbergen der Azoren befinden sich auf **São Miguel** in Ponta Delgada (Rua São Francisco Xavier, Tel. 296 629 431), auf **Terceira** in São Mateus da Calheta (Porto Negrito, Tel. 295 642 095), auf **Pico** in São Roque (Convento São Pedro de Alcântara, Rua João Bento de Lima, Tel. 292 648 050) und auf **São Jorge** in Calheta (Fajã Grande, Tel. 295 460 000). Weitere Infos auf der Website des portugiesischen Jugendherbergsverbands: www.pousadasjuventude.pt.

Camping

Die Webseite des portugiesischen Campingführers Roteiro Campista (www.roteiro-campista.pt) verzeichnet auf São Miguel, Terceira, Faial, Pico und São Jorge insgesamt sieben Campingplätze. Darüber hinaus gibt es auf allen Inseln außer Flores Zeltplätze der Gemeinden (Infos im jeweiligen Rathaus).

Echt gut!

Die schönsten Landhaushotels

- Ein botanischer Garten mit uralten Baumriesen umgibt den Gutshof **Solar do Conde** in Capelas auf São Miguel. › S. 63
- Inmitten idyllischer Landschaft steht bei Maia auf São Miguel der nostalgische Adelslandsitz **Solar de Lalém** aus dem 17. Jh. › S. 70
- Rund um die **Quinta de Santana** in Rabo de Peixe auf São Miguel wird Obstanbau betrieben, zum Golfplatz ist es nicht weit. › S. 72
- Die **Quinta do Martelo** auf Terceira ist ein betriebsfähiger Gutshof und Museum zugleich. Man wohnt im Stil des 19. Jhs. › S. 91
- Liebevoll wurden drei alte Bauernhäuser in Cedros auf Faial zum sehr persönlich geführten Gästehaus **Casa do Capitão** zusammengefügt. › S. 106
- Im Designstil und zugleich die Tradition alter Weingüter bewahrend präsentiert sich die Anlage **Pocinho-bay** in einer kleinen Strandbucht auf Pico. › S. 115

Land & Leute

Steckbrief][Geschichte im Überblick][Natur und Umwelt][Kunst und Kultur][Feste und Veranstaltungen][Essen und Trinken

Steckbrief
Azoren

Fläche: Neun Inseln mit einer Gesamtfläche von 2333 km²
Größte Insel: São Miguel mit 759 km², 138 000 Einw.
Hauptstadt: Ponta Delgada (Stadt: ca. 35 000 Einw.; Gesamtgemeinde: 69 000 Einw.) auf São Miguel
Bevölkerung: ca. 246 000; ca. 105 Einw./km²

Konfession: v.a. römisch-katholisch
Sprache: Portugiesisch
Erwerbstätige: Landwirtschaft und Fischerei 12 %, Dienstleistungen 62 %, Handwerk und Industrie 26 %
Landesvorwahl: 00 351
Währung: Euro
Zeitzone: MEZ minus 2 Std. (ganzjährig)

Lage

Zwischen 1500 km und 1900 km von Lissabon entfernt, liegen die Azoren auf etwa 36 bis 40° nördlicher Breite und 24 bis 31° westlicher Länge mitten im Atlantik. Die **Ostgruppe** *(grupo oriental)* bilden São Miguel und Santa Maria, die **Zentralgruppe** *(grupo central)* besteht aus Terceira, Graciosa, Faial, Pico und São Jorge. Als **Westgruppe** *(grupo ocidental)* liegen Flores und das winzige Corvo am äußersten Rand Europas. Höchste Erhebung des Archipels ist der Pico (2351 m) auf der gleichnamigen Insel.

Politik und Verwaltung

Die Azoren gehören seit ihrer Besiedelung im 15. Jh. zu Portugal. 1976, zwei Jahre nach der Nelkenrevolution in Portugal, erhielt der Archipel eine Teilautonomie mit eigenem Parlament und Regionalregierung. Äußeres Zeichen dafür, dass jede Insel an der politischen Macht teilhaben möchte, sind die dezentral untergebrachten staatlichen Behörden. Ponta Delgada auf São Miguel ist Sitz des Präsidenten. Von sieben Ministerien sitzen zwei auf São Miguel, drei auf Terceira und zwei auf Faial. Die 51 Parlamentarier treten fünfmal jährlich auf Faial zusammen.

Die Menschen

Die knappe Viertelmillion Azorianer, die sich auf den Archipel verteilt, fühlt sich erst in zweiter Linie als Bürger des Mutterlandes Portugal. Der *continente*, also Festlandportugal, bildet eher einen Gegensatz zu den Inseln. Das Zusammenleben gestaltet sich übersichtlich; Familie und Freunde stehen im Mittelpunkt. Viele Menschen haben die Azoren noch nie verlassen, und wenn, dann fliegen sie oft nicht nach Portugal, sondern nach Nordamerika.

Knapp über eine Million Azorianer leben im Ausland. Auswanderer gingen im 17. Jh. nach Brasilien; später v.a. in die USA und nach Kanada, wohin durch Walfang und transatlantischen Schiffsverkehr enge Verbindungen geknüpft worden waren. Nordamerika wurde geradezu zum zehnten Azoreneiland. Wie sehr die Auslands-Azorianer mit dem Archipel verbunden sind, zeigt sich auf den vielen Festen, zu denen sie aus weit entfernten Ländern anreisen.

Wirtschaft

Nach wie vor kämpfen die Azoren gegen die Auswirkungen der geografischen Randlage und gegen überkommene gesellschaftliche Strukturen. Hinzu kommt die allgemeine Finanz- und Wirtschaftskrise, die Portugal in jüngerer Zeit erfasst hat. Die seit den 1990er-Jahren reichlich geflossenen EU-Fördermittel haben die Inselgruppe zwar vom Status des »Armenhauses in Europa« befreit. Seit 2003 ist die Arbeitslosigkeit indes wieder auf Werte von mittlerweile rund 10 % angestiegen. Mehr als die Hälfte aller azorianischen Arbeitslosen sind in Ponta Delgada gemeldet. Arbeiteten 1970 noch 50 % der Beschäftigten in Landwirtschaft und Fischerei, so sind es heute nur noch rund 12 %. Das Stück Land, das fast jede Familie besitzt, trägt aber nach wie vor zum Lebensunterhalt bei. Weit über die Selbstversorgung hinaus geht die Fleischproduktion auf den größeren Höfen. Rund 25 % der 200 000 Rinder werden jährlich als Schlachtvieh auf das Festland exportiert. São Miguel und Terceira liefern mit 60 % den Hauptanteil. Auch Molkereiprodukte, vor allem Käse, haben große Bedeutung. Auf mehreren Inseln werden Fischkonserven produziert, Hauptabnehmer ist Italien.

Die größten Hoffnungen ruhen auf dem Tourismus, auch wenn die Besucherzahlen derzeit stagnieren. Heute gibt es etwa 10 000 Gästebetten auf den Azoren, bei ungefähr 1 Mio. Übernachtungen jährlich. Davon entfällt rund die Hälfte auf Portugiesen vom Festland, mit zuletzt stark abnehmender Tendenz. Zweitstärkste Gruppe sind die Skandinavier (20 %) vor den Deutschen. Extrem belastet wird die Handelsbilanz der Azoren durch den Import von Öl, Benzin und Kohle. Daher treibt man den Bau geothermischer Kraftwerke voran, deren Anteil an der Stromversorgung des Archipels bei ca. 11 % liegt.

Geschichte im Überblick

1351 Auf einer genuesischen Seekarte ist erstmalig der Azoren-Archipel eingezeichnet.

1416–1460 Prinz Heinrich der Seefahrer treibt als Verwalter des Christusritterordens die portugiesischen Entdeckungsfahrten voran.

1432 Offizielle Entdeckung von Santa Maria und São Miguel durch Gonçalo Velho Cabral oder Diogo de Silves.

Um 1450 werden wahrscheinlich die Zentralinseln entdeckt, um 1452 Flores und Corvo.

1493 Kolumbus ankert auf dem Rückweg seiner ersten Atlantikfahrt vor Santa Maria.

1495–1521 König Manuel I. führt Portugal ins »Goldene Zeitalter«. Die Azoren werden Stützpunkt für weitere Entdeckungsfahrten.

1522 Ein schweres Erdbeben zerstört São Miguels erste Hauptstadt Vila Franca do Campo.

1580–1640 Spanische Fremdherrschaft in Portugal, nachdem das Land ohne Thronfolger war.

1581 schlägt Terceira spanische Truppen in die Flucht, wird jedoch 1583 als letzte der Inseln von Spanien erobert.

1640 Festlandportugal wird wieder unabhängig. Zwei Jahre später verlieren die Spanier auch die Azoren.

1766 Der Marquês de Pombal, der die Staatsgeschäfte in Lissabon führt, schafft die feudale Lehensherrschaft auf den Azoren ab und setzt eine für alle Inseln zuständige Regierung in Angra auf Terceira ein.

Ab 1804 Große Gewinne durch den Export von Orangen, Tabak, Ananas und Tee.

Ab 1826 Streit um die Thronfolge in Portugal zwischen Pedro IV. und Miguel I.

1828 König Miguel I. regiert in Lissabon absolutistisch. Anhänger von Pedro IV. bilden auf Terceira eine liberale Regierung. 1832 rekrutiert Pedro ein Söldnerheer, stürzt Miguel und dankt 1834 zugunsten seiner Tochter Maria II. ab.

Ab 1893 Faial wird internationaler Knotenpunkt der Transatlantikkabel.

1916 Eintritt Portugals in den Ersten Weltkrieg auf Seiten der Alliierten.

1932–1974 Diktatorisches Regime (Estado Novo) von António de Oliveira Salazar (bis 1969) und seinem Nachfolger Caetano.

1939–1945 Im Zweiten Weltkrieg bleibt Portugal neutral. Die Alliierten errichten ab 1943 Stützpunkte auf den Azoren.

1949 Portugal wird NATO-Mitglied.

1957/58 Vulkanausbruch auf Faial › S. 108.

1966 Die letzte Kabelgesellschaft in Horta schließt.

25. April 1974 Die Nelkenrevolution beendet in Portugal die Diktatur.

1976 Die Azoren erhalten die innenpolitische und administrative Autonomie.
1980 Durch ein Erdbeben wird Angra do Heroísmo völlig zerstört.
1983 Der Pottwalfang für industrielle Zwecke wird eingestellt.
1986 EG-Beitritt Portugals.
1998 Ein schweres Erdbeben erschüttert Faial.
2003 Auf Terceira Krisengipfel der Regierungschefs Bush, Blair und Aznar im Vorfeld des Irakkriegs.
2004 Die UNESCO stellt die typische Weinbaukultur von Pico als Welterbe unter besonderen Schutz. Zuvor hatte bereits Angra do Heroísmo die gleiche Auszeichnung erhalten.
2007 Die Inseln Graciosa und Corvo werden von der UNESCO zu Biosphärenreservaten deklariert.
2009 Auch die Insel Flores wird Biosphärenreservat der UNESCO
2011 Die Haushaltskrise in Portugal bedeutet auch für die Azoren harte Einschnitte.

Natur und Umwelt

Ihre Entstehung und Dynamik verdanken die Azoren dem Mittelatlantischen Rücken. Seit einigen Millionen Jahren driften an dieser Nahtstelle, die den Atlantik von Nord nach Süd durchzieht, die amerikanische auf der einen, die eurasische und die afrikanische Platte auf der anderen Seite auseinander. Ständig quillt hier flüssiges Gestein empor, das eine untermeerische Gebirgskette entstehen ließ. Nur deren höchste Gipfel ragen über den Meeresspiegel hinaus und bilden die für uns sichtbaren Inseln. Besucher bekommen die Zeugnisse des Vulkanismus heute relativ gefahrlos zu sehen: An manchen Stellen steigen Fumarolen – schwefelhaltige Dämpfe – aus dem Boden, Quellen führen heißes Wasser und kleine Schlammvulkane sprudeln. Jede der Inseln kann mit *caldeiras* (port.: Kessel) aufwarten, bis zu mehrere Kilometer breite Einsturzkrater über einst mit heißem Magma gefüllten, jetzt leeren Hohlräumen im Erdinneren. In den Kraterböden sammelt sich das Regenwasser und bildete stille *lagoas* (Seen).

Oberhalb 400 m wächst die »uva-da-serra«, der Heidelbeerbaum

Special

Wale – live und hautnah

Insgesamt 24 Wal- und Delfinarten wurden in den Gewässern der Azoren gezählt. Der Walfang endete 1987; heute erfreut sich die Walbeobachtung rund um den Archipel großer Beliebtheit. Neben dem häufigen Pottwal kann man vor allem den Falschen Schwertwal, den Atlantischen Fleckendelfin und den Rundkopfdelfin (Delfin de Risso) sichten, aber auch Blau-, Finn- und Buckelwale.

Whalewatching-Touren

- **Espaço Talassa**
  Lajes do Pico][Tel. 292 672 010
  www.espacotalassa.com
- **Peter Café Sport**
  Horta (Faial)][Tel. 292 292 327
  www.petercafesport.com
- **Futurismo**
  Ponta Delgada (São Miguel)
  Tel. 296 628 522
  www.futurismo.pt

Den Riesensäugern auf der Spur

Bei der Suche nach Walschulen verlassen sich die Whalewatching-Anbieter auf ehemalige Walfänger, die mit Ferngläsern auf der Lauer sitzen und per Funk Anzahl und Standort der gesichteten Tiere melden. Zu diesem Zweck wurden auf Pico, Faial und São Miguel die alten **Vigias** (Beobachtungstürme) reaktiviert. Veranstalter garantieren Erfolgsraten von nahezu 100 Prozent.

Die Boote dürfen sich den Walen nur begrenzte Zeit und höchstens bis auf 50 m Entfernung nähern. Wissenschaftliche Studien ergaben, dass sich die Wale nicht nennenswert gestört fühlen, wenn auf diese Weise Abstand gehalten wird.

Auf Pico ist die Vigia an der Ponta da Queimada von Mai bis September zu besichtigen (etwa 1 km außerhalb von Lajes an der Straße nach Calheta, › S. 119).

Tipps für die Bootsfahrt

Regelmäßige Ausfahrten finden von April bis Oktober statt. Im Hochsommer empfiehlt sich die frühzeitige Buchung, während man in der Nebensaison nach Mitstreitern suchen muss, denn vier Teilnehmer sollten für eine Tour mindestens zusammenkommen. Die Kosten liegen bei 35 bis 50 € pro Person.

Einige Anbieter setzen kleine Hartbodenschlauchboote mit leisem Motor ein, in denen man schon mal ein paar Wasserspritzer abbekommt. Im Hochsommer genügen Badekleidung und T-Shirt, in der Übergangszeiten schützen Anorak und Jogginghose vor zu starker Abkühlung. Seefestigkeit ist von Vorteil, denn je nach Wetterlage wird man ganz schön durchgeschaukelt (Tabletten gegen Seekrankheit besser schon zu Hause besorgen!).

! Auf den Azoren werden immer noch Andenken aus Pottwalzähnen und -knochen angeboten. Die Einfuhr in EU-Länder ist nur mit CITES-Zertifikat (Herkunft aus Altbeständen) erlaubt, Tierschützer raten gänzlich davon ab!

Kunsthandwerk aus alternativen Materialien (Holz, Stein, Rinderknochen, »pflanzliches Elfenbein« aus den Samen der Tagua- oder Steinnuss) führt der Laden von BOCA:

Espaço Talassa
Lajes do Pico
Caminho de Baixo 17

Schwimmen mit Delfinen

Delfine sind manchmal auch im Meer so zutraulich, dass sie sich Booten nähern und Menschen mit ihnen schwimmen können. Wer dies tun möchte, sollte über eine gute Kondition verfügen. Der Einsatz von größerem Sporttauchgerät ist dabei verboten, aber wenn man mit Schnorchel und Brille ausgestattet ist, kann man unter Wasser Sichtkontakt bekommen. Der Skipper des Bootes entscheidet jeweils, ob die Delfine in Spiellaune sind.

Für Familien werden auf Pico im Sommer Delfincamps veranstaltet. Die Kinder haben dabei viel Spaß und erfahren gleichzeitig eine Menge über die sympathischen Meeressäuger.

Buch-Tipp zur Vorbereitung

- Fabian Ritter: **Wale beobachten.** Outdoor-Handbuch. Conrad Stein, Kiel 2010.
- Rüdiger Wandrey: **Wale & Delfine: Arten, Lebensräume Verhalten.** Komet, Köln 2011.
- Mark Carwardine: **Wale und Delfine.** Delius Klasing, Bielefeld 2009. Derzeit das ausführlichste Bestimmungsbuch.

Delfin-Touren

- **www.espacotalassa.com**
Im Paket mit Übernachtungen ab ca. 500 €.
- **www.whales-dolphins.net**
Pico Sport, unter deutscher Leitung.
- **www.jugendwerk24.de**
Delfincamps und Walbeobachtungswochen, organisiert vom Jugendwerk der AWO.

Die Flora

Die abgeschiedene Lage der Azoren ist der Grund für die Existenz von allein 56 Pflanzenarten, die nirgendwo sonst auf der Welt anzutreffen sind (sogenannte Endemiten). Die hohe Feuchtigkeit lässt erstaunliche 425 Moosarten gedeihen, und auch Farne sind reichlich vertreten.

Oberhalb von 400 m über dem Meer sind vor allem Terceira und Pico sowie Teile von São Miguel noch von einer dichten Decke aus niedrigen Lorbeerbäumen, Wacholdersträuchern, Azoren-Baumheide und Heidelbeerbäumen überzogen – dem natürlichen Wald, der auf anderen Inseln von Mauern oder Hortensienhecken eingefriedeten Weideflächen oder, speziell auf São Miguel, Forsten aus Japanischer Sicheltanne weichen musste. In der tieferen Vegetationszone, bis auf Meereshöhe hinunter, gedeihen von Natur aus der Gagelbaum mit kurzen, quirlförmig um die Zweige angeordneten Blättern und die Azoren-Picconie.

Letztere, ein strauchförmiger Baum, trägt im Herbst olivenähnliche, allerdings ungenießbare Früchte. Sie gilt auf einigen Azoreninseln als ausgerottet. Zum Verhängnis wurde ihr das wertvolle Holz (port. *pau branco* = Weißholz), aus dem Möbel gezimmert wurden. Größere Bestände stehen noch in den Küstenebenen von Pico.

Andernorts hat oft der aus Australien stammende Klebsame, erkennbar an den gewellten Blättern und orangefarbenen Kugelfrüchten, die einheimischen Baumarten verdrängt. Einst war er als Windschutz für Orangenplantagen eingeführt worden.

Auf Felsen in der salzigen Luft in unmittelbarer Meeresnähe fühlen sich das endemische Schwingelgras *Festuca petraea*, der Meeres-Strichfarn sowie der früher als Mittel gegen Skorbut auf Segelschiffen mitgeführte Meerfenchel wohl.

Echt gut!

Zeugen des Vulkanismus

- Kochend heiße Quelltöpfe, die **Caldeiras,** zeigen in Furnas auf São Miguel vulkanische Aktivität. › S. 65
- Im Zentrum der Insel Terceira dringen aus den **Furnas do Enxofre** (»Schwefelgrotten«) heiße, beißend riechende Dämpfe. › S. 85
- Den **Algar do Carvão,** einen 100 m tiefen, dunklen Schlund auf Terceira, aus dem einst Lava floss, erschließt ein Treppensteig für Besucher. › S. 86
- Auf Graciosa gibt es Fumarolen, kochende Quellen und einen unterirdischen See in der **Furna do Enxofre.** › S. 94
- Bei einer Eruption 1957/58 entstand der **Vulcão dos Capelinhos** auf Faial. › S. 108
- Abenteuerlich gestaltet sich die Besichtigung der **Gruta das Torres** auf Pico, des längsten und höchsten Lavatunnels auf portugiesischem Boden. › S. 114
- Portugals höchster Berg und einer der imposantesten im Atlantik ist der Vulkan **Pico,** der einer ganzen Insel den Namen gab. › S. 118

Exotische Importe

Viele der heute auf den Azoren heimischen Pflanzen kamen erst mit dem Menschen auf die Inseln. Eine reizvolle Pflanze, die im 19. Jh. aus dem Himalaya eingeführt wurde, ist heute überall verwildert und dadurch aus Sicht der Botaniker zur Plage geworden: die Girlandenblume (auch Zier-Ingwer). Ihre orangegelben Blüten stehen in hohen Rispen im September überall an Straßenrändern und auf Lichtungen. Auch andere Zierpflanzen aus aller Welt verwilderten oder wurden an Straßenrändern, an Aussichtspunkten und Picknickplätzen gepflanzt. So bestimmt die Blütenpracht von Hortensien, Azaleen, Hibiskus, Rosen und Kamelien das Landschaftbild der Azoren weit mehr als die unscheinbaren Farben der einheimischen Arten.

Tiere

Die Tierwelt auf den Inseln präsentiert sich eher bescheiden. Von Natur aus konnten nur flugfähige Tiere auf die Inseln gelangen, also Fledermäuse, Vögel und Insekten. Haustiere führte der Mensch ein. Ratten, Mäuse, Igel und Eidechsen kamen als blinde Passagiere per Schiff. Interessant ist vor allem die Vogelwelt. Birdwatching heißt ein relativ neues Angebot für Touristen, z.B. auf Pico. Nach *açores,* Habichten, die den Azoren ihren Namen gaben, sucht man allerdings vergeblich. Die portugiesischen Entdecker des 15. Jhs. hatten sie mit Bussarden verwechselt. Daneben sind etwa 30 Landvogelarten auf den Inseln verbreitet. Star, Rotkehlchen, Buchfink oder Mönchsgrasmücke unterscheiden sich von ihren kontinentalen Verwandten meist durch eine etwas andere Färbung. Ein unauffälliger grauer Vogel zählt zu den ornithologischen Raritäten: *Priolo* (Domherr) nennen die Einheimischen den Azorengimpel von der Größe eines Spatzes wegen seiner schwarzen Kopfkappe.

Echt gut!

Highlights der Botanik

- Zum Museumsverbund **Núcleos Museológicos** auf São Miguel gehört ein Botanischer Garten, der zahlreiche endemische Pflanzenarten der Inseln zeigt, aber auch Kulturpflanzen, die in der Geschichte der Region eine Rolle gespielt haben. › S. 64
- Auf São Miguel steht das Gebiet um die **Caldeira Velha,** ein natürliches Badebecken mit Thermalwasser, als Naturdenkmal unter Schutz. › S. 71
- Der **Jardim Botânico** auf Faial versammelt alle endemischen Pflanzen der Azoren. › S. 105
- In Madalena auf Pico stehen ehrwürdige **Dragoeiros,** Drachenbäume, die früher einen begehrten Naturfarbstoff lieferten. An ihren natürlichen Standorten, steilen Felswänden, sind sie sehr selten geworden. › S. 114
- Die strauchgroße, endemische **Styx-Wolfsmilch** muss man suchen, denn ihr Lebensraum, der Lorbeerwald, ist gefährdet. Im Hochland von Pico wächst sie an der Straße zur Lagoa do Caiado. › S. 122

Als Dompfaff kennt man sein mitteleuropäisches Pendant. Etwa 300 Exemplare leben noch im Osten von São Miguel. Ob der Azorengimpel vor dem Aussterben bewahrt bleibt, hängt vom Erhalt seiner Nahrungspflanzen wie der endemischen Heidelbeere › S. 36 ab. Am Meer schwirren scharenweise die Rosenseeschwalben *(cagarra);* unverkennbar sind ihre charakteristischen Schreie. Nach Schätzungen von Ornithologen brüten 60 % des europäischen Bestandes dieser Vogelart auf den Küstenfelsen der Azoren-Ostgruppe.

Kunst und Kultur

Abgeschieden von den künstlerischen Entwicklungen auf dem Festland, waren die Azoren lange Zeit auf Kulturimporte angewiesen. Zeitgenössische Strömungen wurden nur zaghaft und mit Verzögerung aufgenommen. Der vermeintliche Nachteil der Isolierung erwies sich aber auch als Vorteil, denn der Archipel brachte besonders in der Musik eigenständige und einzigartige Stilformen hervor.

Architektur

Die Bauweise ordnete sich in der Vergangenheit stets dem Inselcharakter unter, auch wenn Stilelemente der Gotik, Renaissance oder des Barock Verwendung fanden. Letzterer übte mit seinem Formenreichtum und den üppigen Verzierungen den größten Einfluss aus. Oft herrscht allerdings ein bunter Stilmix vor.

Bunte Streifen umrahmen Türen und Fenster der Bauernhäuser

Wegen möglicher Piratenüberfälle errichteten die ersten Siedler trutzige gotische Wehrkirchen mit gedrungenen Spitzbögen wie in São Sebastião (Terceira). Um das Jahr 1500 wurde eine Bauweise üblich, die Emanuelstil oder manuelinischer Stil genannt wird. Sie spiegelt die Zeit der großen Entdeckungen unter dem portugiesischen König Manuel I. wider. Exotische Ornamente versinnbildlichen die Bedeutung der Seefahrt in ferne Länder. Sie umrahmen Portale an den Hauptkirchen von Ponta Delgada und Praia da Vitória (Terceira).

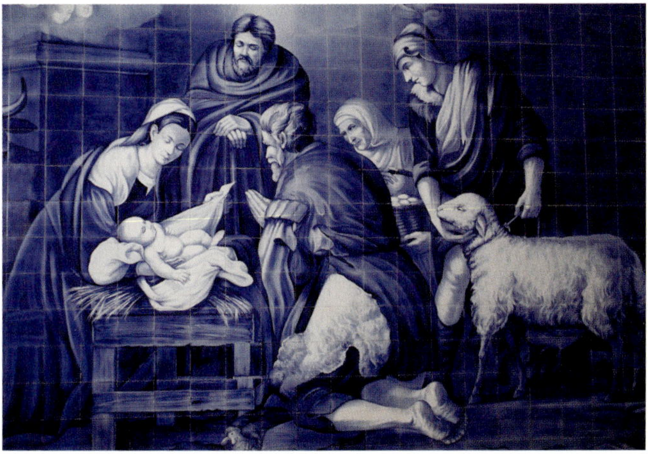

Die typisch portugiesische Fliesenkunst findet man auch auf den Azoren

Angra do Heroísmo wurde mit rasterförmigen Straßenzügen im Renaissance- und Barockstil erbaut. Heute ist die Stadt UNESCO-Weltkulturerbe. Typisch für den recht eigenständigen Azorenbarock ist eine streng symmetrische Bauweise, bei der Fenster- und Türrahmen aus dunklem Basalt mit weißen Wänden kontrastieren. Vielen Kirchen gemeinsam ist die barocke *talha dourada*. Solche aus Holz geschnitzte und vergoldete Altarrückwände sind üppig verziert. Bemalte *azulejos* (Fliesen) erzählen Geschichten aus dem Leben des jeweiligen Ortsheiligen. Auf den Zentralinseln bereichern die einzigartigen Heiliggeisttempel › S. 87 die ländliche Idylle um bunte Tupfer.

Im 19. Jh. kam mit dem wirtschaftlichen Erfolg die *Arquitectura da Laranja* (Orangen-Architektur). Bauherren von Bürgerhäusern und Landsitzen verschrieben sich einem offenen Stil mit großen Fenstern; Helligkeit sollte die Räume durchfluten. Ein Beispiel dafür ist das (heutige) Hotel São Pedro in Ponta Delgada.

Unterdessen änderte sich die Bauweise in den Dörfern kaum. Die vielfach zweistöckigen weißen Häuser erhalten ihre heitere Note durch rote Dächer und weithin in Blau oder Grün leuchtende Farbleisten an Ecken und Mauerumrandungen. Auf Terceira fallen die Zwillingsschornsteine auf, die *mãos postas* (gefaltete Hände). Häuser mit Natursteinmauern sind auf Pico üblich.

Bildende Kunst

Zu den Meisterwerken religiöser Malerei auf den Azoren zählen die Anfang des 16. Jhs. entstandenen fünf Szenen des Passionszyklus in der Matriz de Santa Cruz da Graciosa. Sie stammen vermutlich von

Kunsthandwerkerin auf Pico beim Fertigen von Blumengestecken

Cristóvão de Figueiredo, der Hofmaler im Dienst König Manuels I. war. Aus Flandern kamen im 15./16. Jh. zahlreiche flämische Skulpturen von hoher Qualität auf die Azoren. Sie sind in der Sé in Angra do Heroísmo, im Museu da Horta und im Núcleo de Arte Sacra do Museu Carlos Machado (Ponta Delgada) zu bewundern. Das Museu Carlos Machado selbst ist wegen Renovierung geschlossen (Stand 2012).

Vorbild für viele Nachwuchskünstler wurde Duarte Machado Faria e Maia (1867–1922). Der naturalistische Maler verstand es, die Landschaft der Inseln mit einfühlsamen Porträts zu verknüpfen. In seiner Tradition malte Domingos Maria Xavier Rebelo (1891–1971), der mit seinen Bildern zu volkstümlichen Themen auch auf dem portugiesischen Festland Beachtung fand. Sein Gemälde »Os Emigrantes« (»Die Auswanderer«; im Museu Carlos Machado) zeigt die Gefühle der Menschen während der Verabschiedung und des Wartens auf die Abfahrt eines Schiffes.

Musik

Die Volksmusik entwickelte auf jeder Azoreninsel eine eigene Dynamik. Zahlreiche Folkloregruppen erhalten Melodien und Texte lebendig. Der *samacaio* auf Terceira mündet vielfach in einen ironischen Sängerkrieg, begleitet von Gitarren, Trommeln und Triangeln. Die auf Pico gepflegte, mitreißende *chamarrita* ist dem Fandango, einem spanischen Volkstanz mit Kastagnetten- und Gitarrenbegleitung, ähnlich. Ein auf allen Inseln bekannter Tanz ist die *sapateia*. Zur Melodie im Dreivierteltakt berichten die Texte aus dem Alltag der Azorianer. »Reiherschritt«, »Basilienkraut« oder »Stecknadel« heißen diese Lieder.

Kunsthandwerk

Bekannt für das Töpferhandwerk ist São Miguel. Während in Vila Franca do Campo rustikale Gebrauchskeramik entsteht, bestechen die Arbeiten aus Lagoa durch weiße Glasur mit blauen Ornamenten. Angra do Heroísmo (Terceira) ist berühmt für Stickereien, die aus nostalgischen Manufakturen kommen. In Santo Amaro (Pico) setzen Kunsthandwerker aus Fischschuppen oder hauchdünnen Scheiben von Hortensien- und Feigenbaummark filigrane Blüten und Blumengestecke zusammen. Wollene *colchas de ponto alto,* Wandteppiche und Tagesdecken, werden auf São Jorge noch vereinzelt auf Holzwebstühlen gefertigt. An die blutige Zeit des Walfangs erinnern die Scrimshaws. In die elfenbeinähnlichen Zähne des Pottwals wurden haarfeine Rillen geritzt und mit Tinte eingerieben. So entstanden die Bilder getakelter Segelschiffe, schöner Frauen und wilden Meeresgetiers. Außergewöhnliche Beispiele sind im Scrimshaw Museum in Horta sowie im Museu dos Baleeiros in Lajes do Pico zu sehen.

Die Beendigung des kommerziellen Walfangs 1983 auf den Azoren ließ den Rohstoff rar werden. 1987 wurden nochmals drei Pottwale erlegt, um die lukrative Souvenirproduktion aufrechtzuerhalten. 2004 sollen die Zähne eines gestrandeten und verendeten Pottwals verschwunden sein.

!! Die Einfuhr in EU-Länder ist nur mit CITES-Zertifikat erlaubt, das für die Herkunft des Materials aus Altbeständen bürgt. Tierschützer raten allerdings generell davon ab, Souvenirs aus den Zähnen oder Knochen von Pottwalen zu kaufen. Alternativen zu den Walzahnprodukten sind beispielsweise die auf Pico und Faial angebotenen Holzmodelle von Booten der Walfänger. Mit dem Walfang verbundenes, aber unbedenkliches Kunsthandwerk gibt es außerdem aus Stein sowie aus bestimmten Palmenfrüchten (»pflanzliches Elfenbein«).

Echt gut!

Die besten Adressen für Kunsthandwerk

- Eine urige Keramikfabrik ist die **Fábrica Cerâmica Viera** in Lagoa auf São Miguel. › S. 63
- Stickerei von Terceira zu Erzeugerpreisen gibt es bei **Açorbordados** in Angra do Heroísmo. › S. 85
- Auf Faial präsentieren und verkaufen die örtlichen Kunsthandwerker ihre Erzeugnisse, etwa Gestecke aus Hortensienmark, im **Centro de Artesanato** in Capelo. › S. 107
- Häkelarbeiten und Stickereien aus São Mateus auf Pico sind nostalgische Mitbringsel, nett präsentiert bei **PicoArtes.** › S. 118
- In Santo Amaro auf Pico widmen sich die Frauen des Ortes verschiedenen Formen des Kunsthandwerks im **Núcleo Museulógico da Escola Profissional de Artesanato.** › S. 121
- In der **Casa de Artesanato** in Fajã dos Vimes auf São Jorge gibt es sie noch: Traditionelle Webarbeiten aus Wolle. › S. 130

Feste und Veranstaltungen

Jede Insel und jedes Dorf feiern eigene Schutzheilige, deren Feste meist in die Sommermonate verlegt werden. Dazu kommen die zahlreichen **Festas do Espírito Santo** (Heiliggeistfeste) zwischen April und September, die jeweils in der Krönung eines Bauernkaisers (*imperador*) gipfeln. Die *sopa do Espírito Santo* (Heiliggeistsuppe) wird in riesigen Töpfen zubereitet und beim *Cortejo do Bodo*, dem »Umzug zur Armenspeisung«, zusammen mit zuvor in der Kirche gesegnetem Maisbrot verteilt. In Terceira schließen sich die Tage der *touradas à corda* an › S. 81. So kann man in der Hauptreisezeit praktisch jedes Wochenende ein Dorffest erleben. Termine nennen die Tourismusbüros.

Festkalender

1. Sonntag nach Ostern: Ein Blumenteppich überzieht die Straßen in Furnas (São Miguel) bei der **Festa do Senhor dos Enfermos**, die den Kranken und Hilfsbedürftigen gewidmet ist.

Mitte April: In Velas (São Jorge) findet eine Woche lang die **Semana Cultural** statt, mit traditioneller, aber auch moderner Musik von den Azoren, Kunst- und Umweltausstellungen, Workshops, Kino.

Ende April: Beim **Peter Café Sport Triathlon** (www.petercafesport.com) surfen die Teilnehmer von Velas (São Jorge) nach Cais do Pico, mountainbiken dann durch das Bergland von Pico und überwinden schließlich die Meerenge nach Horta (Faial) per Seekajak.

Fünf Wochen nach Ostern: In Ponta Delgada (São Miguel) wird sechs Tage lang die **Festa do Senhor Santo Cristo dos Milagres** gefeiert. Die Einwohner von Vila Franca do Campo (São Miguel) ziehen in mittelalterlichen Gewändern in einer Prozession durch die Stadt.

24. Juni: Auf Terceira werden die **Sanjoaninas** (Johannisfest) jährlich wechselnd in Angra oder in Praia da Vitória mit Kulturprogramm und Trachtenumzügen begangen.

29. Juni: Umzüge mit geschmückten Pferden bei den **Cavalhadas de São Pedro** in Ribeira Seca und Ribeira Grande (São Miguel) › S. 70.

Mitte Juli: In Calheta (São Jorge) unterhält das **Festival do Julho** mit viel Musik, Ausstellungen, Sportveranstaltungen und Kinderprogramm. Zum Abschluss gibt es ein Stiertreiben.

2. Wochenende im August: Horta (Faial) veranstaltet die **Semana do Mar**: Kunsthandwerk, Musik und Kulinarisches, Wasserspiele und eine Segelregatta zwischen Horta und Pico.

Zweite Augusthälfte: Am Strand von Praia Formosa (Santa Maria) tobt vier Tage lang das **Festival**

Maré de Agosto (www.maredeagosto.com), ein Musikfestival mit internationaler Beteiligung.
Letzte Augustwoche: Eine Woche lang steht Lajes do Pico mit der **Festa dos Baleeiros** in der Tradition der Walfänger. Das Fest wird seit 1883 gefeiert. Heute mit Festzelten, in denen reichlich gegessen und getrunken wird, und viel Musik.
1. Sonntag im September: Die lebhafte **Romaria de Santo Cristo**, eine Wallfahrt nach Fajã do Santo Cristo (São Jorge), ist auf den Azoren einmalig, schon wegen des überwältigenden landschaftlichen Ambientes. Bunt geschmückte Bögen, viel Musik und ein Feuerwerk gehören dazu.
25. Dezember: Das Weihnachtsfest wird im Familienkreis gefeiert, das öffentliche Leben auf den Azoren steht an diesem Tag praktisch still.

Essen und Trinken

Vorspeisen und Suppen

Eine ländlich einfache Küche portugiesischer Tradition kennzeichnet die Azoren. Zum Auftakt des *almoço* (Mittagessen, 13–14 Uhr) oder *jantar* (Abendessen, ab 19 Uhr) gibt es häufig Käse, Brot und Butter. In einer *marisqueira* (Fischrestaurant) folgen oft hauchdünne Scheiben von geräuchertem Schwertfisch *(espardarte fumado)* als Vorspeise *(entrada)*. Eine Spezialität der Inseln sind Napfschnecken *(lapas)*, die u. a. gegrillt werden. Als köstliche maritime Suppen gibt es *creme de mariscos* (Meeresfrüchtecreme), *sopa de peixe* (Fischsuppe) und – dieser ähnlich, aber ein sättigender Eintopf – die *caldeirada de peixe*. Rustikaleren Suppen, die meist auf Kartoffeln basieren, geben die Einlagen ihren Pfiff und Namen: *agrião* (Brunnenkresse), *legumes* (Hülsenfrüchte) oder *hortaliça* (Gemüse). »Suppenkönigin« ist die nur zum Heiliggeistfest servierte *sopa do Espírito Santo*, für die Brot, Kohl und die Bratensoße der *alcatra* (s. u.), dazu Minze, Nelken, Lorbeer und Pfefferschoten in den Topf kommen.

Fisch oder Fleisch?

Das Hauptgericht *(prato principal)* besteht eigentlich immer aus Fisch oder Fleisch mit Beilagen (Kartoffeln oder Pommes Frites, gekochtes Gemüse oder gemischter Salat). Den ansonsten in der portugiesischen Küche allgegenwärtigen *bacalhau,* gesalzenen und luftgetrockneten Kabeljau, gibt es auf den Azoren zwar auch. Meist kommt allerdings frisch gefangener Fisch auf den Tisch, allen voran *abrótea* (Gabeldorsch), der in der Regel als Filet zubereitet wird, sowie verschiedene (teurere) Edelfische vom Grill. Tunfisch *(atum),* den die Azorianer allerdings meist eindosen, ist auch als Steak eine Delikatesse. Liegen Hummer, Languste, Seespinne oder Taschenkrebs auf dem Teller, steht im Restaurant im Idealfall ein hilfreicher Azorianer zur Seite und zaubert das Fleisch aus der Chitinverpackung. Einfacher lassen sich Krake und Tintenfisch essen, die auch in Wein geschmort *(guisado)* werden. Bekanntestes Fleischgericht der Azoren ist die vor allem auf Terceira verbreitete *alcatra:* in einer Kasserole mit Knoblauch, Lorbeer, *malagueta* (Pfefferschoten) und Olivenöl geschmortes Rindfleisch. Bei der deftigen Spezialität *morcela com ananás* verbinden sich Blutwurst und frische Ananas zu einer aromatischen Einheit. Auch *linguiça com inhames* (Schweinswurst mit Tarowurzel) sollte man nicht verpassen. Vegetarier haben es auf den Azoren nach wie vor schwer und müssen sich oft mit einem Omelett (auch dieses wird mit Beilagen serviert) begnügen. Die besseren Hotels servieren auf Nachfrage vegetarische Gerichte. Häufig kann man auch eine vegetarische Pizza bestellen.

Atlantische Vielfalt

atum	Tunfisch
besugo	Meerbrasse
camarão	Krabbe
cherne	Wrackbarsch
choco	kleiner Krake
congro	Meeraal
dourada	Goldbrasse
espardarte	Schwertfisch
gamba	Garnele
goraz	Rotbrasse
imperador	Kaiserbarsch
lagosta	Languste
lapa	Napfschnecke
lavagante	Hummer
linguado	Seezunge
lula	Tintenfisch
pargo	Sackbrasse
peixe-espada	Degenfisch
pescada	Seehecht
polvo	Krake
rabilo	Roter Tunfisch
raia	Rochen
sapateira	Taschenkrebs
sargo	Ringelbrasse
serra	Sägefisch
tamboril	Seeteufel
tubarão	Hai
voador	Langflossentunfisch

Nachspeisen und Kuchen

Süßigkeiten, die fast nur aus Zucker, Butter, Eiern und Zimt bestehen, füllen die Dessertbuffets der Hotels und die Auslagen der Konditoreien. Auf Terceira soll es 200 verschiedene Süßspeisen geben. Die bekanntesten kleinen Kuchen sind die *queijadas* aus Graciosa und Vila Franca › S. 47.

Wein und andere Getränke

Hochwertige Rot- und Weißweine kommen von Graciosa *(Terra do Conde)*. Auf Pico gefallen der rote *Basalto* und der weiße *Terras de Lava* durch ihre Leichtigkeit. Hier und da wird auf Pico und Terceira noch ein schwerer Süßwein aus der Verdelho-Traube gewonnen. Der verbreitete, fruchtige *Vinho de cheiro* sollte in Maßen genossen werden. Hochprozentiges wird auf Pico destilliert: *aguardente* (Klarer) und *bagaço* (Tresterschnaps); von Graciosa stammt der *aguardente velha* (»Alter Schnaps«). Bei Bier besteht die Wahl zwischen *Especial* (auf São Miguel gebraut) und den bekannten Marken *Sagres* und *Super Bock* vom portugiesischen Festland. Wer *cerveja* (Bier) bestellt, erhält meist ein Flaschenbier. Vom Fass heißt das kleine Bier (0,2 l) *fino*, das mittlere (0,3 l) *tulipa*, das große (0,4 l) *caneca*. An alkoholfreien Getränken gibt es die übliche internationale Auswahl sowie recht süße einheimische Limonaden. Oft ist auch *zumo de laranja natural* (frisch gepresster Orangensaft) erhältlich. Zum Essen bestellen Azorianer außer Wein meist *água sem gas* (Wasser ohne Kohlensäure). *Água com gas* (mit Kohlensäure) wird eher zwischendurch getrunken. Eine Wissenschaft für sich ist die Kaffeekunde. Am wichtigsten ist die *bica*, ein Espresso, der meist automatisch auf Tisch oder Theke kommt, wenn *café* bestellt wird. Er ist zum Abschluss des Mittag- und Abendessens üblich. Zum Frühstück oder irgendwann tagsüber trinken die Einheimischen gern *galão*, einen in einem hohen Glas mit viel Milch aufgefüllten Espresso.

Echt gut!

Die besten Fischrestaurants

- Das **Borda d'Água** in Lagoa genießt auf São Miguel einen guten Ruf für frische Meeresküche. › S. 63
- Auf Santa Maria kommt man im Sommer nicht am **A Candeia** in Praia Formosa vorbei, um köstlichen *cherne* (Wrackbarsch) zu essen. › S. 75
- In einem Glaspalast am Hafen von Angra auf Terceira logiert die **Casa de Peixe.** Spezialität des Hauses: Fisch im Dachziegel. › S. 85
- Das Lokal mit Hafenblick ist schlicht, der Fisch aber fast unübertroffen frisch: **Beira Mar** in São Mateus da Calheta auf Terceira. › S. 91
- Aus dem Hafen kommt der Fisch fangfrisch auf den Tisch des urigen Restaurants **Salgueirinha** in Feteira auf Faial. › S. 104
- Nichts geht den Bewohnern von Madalena auf Pico über das etwas außerhalb gelegene Fischlokal **O Ancoradouro.** › S. 115
- Die **Marisqueira** in Porto de São João auf Pico profitiert vom nahen Fischerhafen. Einfacher Rahmen, ausgezeichnete Küche. › S. 119

Special

Kleine Inseln – großer Geschmack

Käse aus Rohmilch erlebt in Portugal eine Renaissance. Insbesondere der Azoren-Käse erfreut sich wachsender Beliebtheit. Seinen unvergleichlichen Charakter verdankt er der salzhaltigen, feuchten Luft und der speziellen Flora der Weiden mit ihren intensiv duftenden Minzekräutern.

Käsereibesichtigung

- **Uniqueijo**
  Beira, São Jorge
  (an der Hauptstraße)
  Mo–Fr 9–12, 14–17 Uhr, > S. 127
- **Cooperativa Agrícola e Lacticínios dos Lourais**
  Lourais, São Jorge][Travessas
  Tel. 295 416 358
- **Queijo Vaquinha**
  Cinco Ribeiras, Terceira
  Canada do Pilar 5
  Mo-Fr 8-22, Sa 15-22 Uhr.

Spezialität von São Jorge

Am blauen Aufdruck »Denominação de Origem« (Ursprungsbezeichnung) und dem goldenen, nummerierten Etikett ist der echte **Queijo São Jorge** zu erkennen. Ein Käselaib wiegt zwischen acht und zwölf Kilogramm. In einer ersten Reifephase, die etwa einen Monat dauert, lagert er in natürlichen Höhlen. Während dieser Zeit wird er täglich umgedreht. Danach reift er noch zwei Monate in klimatisierten Kammern.

Flämische Einwanderer sollen die Rezeptur für den Hartkäse mit den kleinen und unregelmäßigen Löchern bereits im 15. Jh. nach São Jorge gebracht haben. Schon bald wurde der Queijo São Jorge zum Exportartikel. Die Portugiesen verwenden die azorianische Käsespezialität gerne gerieben, ähnlich wie Parmesan. Aber auch

Fondues aus Queijo São Jorge verschaffen ein unvergessliches Geschmackserlebnis. Ansonsten genießt man ihn meist pur, als Vorspeise oder zum Dessert.

Von anderen Inseln

Milder ist der **Queijo Ilha** bei einer Reifezeit von nur 45 Tagen. Er darf auch auf anderen Azoreninseln hergestellt werden und kommt meist von São Miguel oder Graciosa. Kenntlich ist er an den weiß-blau-grünen Etiketten.

Der **Queijo São João do Pico** wird handwerklich in kleinen Familienbetrieben hergestellt. In den Käsereien auf Pico kann man mit etwas Glück erleben, wie die Rohmilch nach der Zugabe von Lab und Salz ausflockt und der Käsebruch dann in Ringformen gepresst wird. Der mit etwa 16 cm Durchmesser recht handliche Rundkäse reift anschließend vier Wochen in der Klimakammer.

Höhepunkt einer Inselrundfahrt auf Pico ist ein Picknick im romantischen Park von Piedade. Dazu gehört natürlich der Queijo do Pico, den man auf dem Hinweg in einer Käserei besorgt.

Sociedade de Produção de Lacticinios
São João, an der Durchgangsstraße gegenüber vom Rathaus
Tgl. geöffnet.

Frisch selbst gemacht

Viele Azorianer machen selbst **Queijinho fresco** (Frischkäse) aus Ziegenmilch. Milch wird durch ein Teesieb gefiltert und mit Lab (das es in jedem Supermarkt gibt) verrührt. Nach dem Gerinnen tropft der Käsebruch in einer Ringform ab und ist bald fertig zum Verzehr. Im Laden sucht man diese Spezialität vergeblich. Einfache Kneipen servieren sie manchmal, man sollte danach fragen.

Hausgemachter Frischkäse aus Rohmilch von der Kuh ist unverzichtbare Zutat für die **Queijadas,** die winzigen Käsekuchen, die von kleinen Betrieben in Vila Franca do Campo (São Miguel) und Vila da Praia (Graciosa) gebacken werden. Außerdem kommen Mehl, Butter, Zucker und reichlich Eigelb in den Teig.

Zum Ziegenfrischkäse gehört Piri-Piri. Hauptbestandteil dieser höllisch scharfen Würzmischung sind klein gehackte Malagueta-Schoten, wie sie auf den Azoren noch in vielen Gärten geerntet werden. Darunter mischt man Olivenöl, Essig und Salz. Piri-Piri gibt es überall fertig zu kaufen – ein nettes Mitbringsel, um auch zu Hause einem Ziegenfrischkäse den richtigen Pepp zu verleihen.

Hier gibts Queijadas

- Queijadas do Morgado
Vila Franca do Campo, São Miguel
Rua do Penedo 20
Mo–Fr 8–17 Uhr
- Pastelaria Queijadas da Graciosa
Praia (São Mateus), Graciosa
Rochela Canada Nova 34–36
- Mo-Fr 9-17 Uhr, › S. 93

Unterwegs auf den Azoren

Entdecken Sie die einzelnen Reiseregionen – jeweils mit den schönsten Touren, allem Sehens- und Erlebenswerten, Hotel-, Restaurant-, Nightlife- und Shoppingtipps

São Miguel und Santa Maria

Nicht verpassen!

- Einen »königlichen« Blick auf den blauen und den grünen Kratersee von Sete Cidades werfen
- Relaxen im riesigen Thermalbadeteich von Furnas
- In Gorreana oder Porto Formoso Tee direkt von der Plantage genießen
- Vor der Kulisse von Hunderten von Weinterrassen an der Küste von Maia die Füße ins Wasser halten

 Karte S. 54/73

Zur Orientierung

Die größte Insel der Azoren, **São Miguel,** ist für sich schon eine Reise wert. Ihre Vulkanlandschaft präsentiert sich vielseitig, mit Kraterseen, kochenden Quellen und Aussichtsgipfeln. Blühende Hecken säumen Straßen und Wege, überall laden prächtige Parks zum Entspannen ein. Wer den Wander- oder Besichtigungsurlaub mit Baden verbinden möchte, findet auf São Miguel sowohl die berühmten natürlichen Thermalschwimmbecken als auch eine Reihe kleiner, lauschiger Sandstrände.

In der Hauptstadt **Ponta Delgada** befinden sich große Hotels wie auch kleine Pensionen in historischen Gebäuden. Sowohl tagsüber als auch abends laden die Gassen zum Bummeln ein. Ponta Delgada bietet eine gute Restaurant- und Kneipenauswahl und liegt für Abstecher in alle Inselteile sehr günstig. Den schöneren Strand besitzt **Mosteiros** im Inselwesten, wo es viele Ferienhäuser und familiär geführte Unterkünfte gibt. An der Südküste hat **Caloura** zwar keinen richtigen Strand zu bieten, dafür aber eine idyllische Landschaft und niveauvolle Unterkünfte. **Furnas,** etwas abseits vom Meer, beeindruckt mit üppiger Vegetation, einem herrlichen Park mit Thermalbad und der vulkanisch aktiven Umgebung. Es ist ein guter Standort für Golfer und Wanderer oder einfach nur zum Relaxen. Landhotels in Gutshöfen, oft mit Reitgelegenheit, verteilen sich über den Osten und Norden der Insel.

Die kleinere Nachbarinsel **Santa Maria** liegt abseits der touristischen Routen. Wer ein paar Tage Ruhe in ursprünglicher Umgebung sucht, ist hier richtig. Große Sehenswürdigkeiten fehlen, aber es gibt Wandermöglichkeiten, bizarre Felsbadebecken und einen attraktiven Sandstrand in **Praia Formosa.** Dieser Ort eignet sich durchaus als Standort für einen Aufenthalt, allerdings wohnen die meisten Inselbesucher in der ruhigen Hauptstadt Vila do Porto.

Fumarolen am Lagoa das Furnas, São Miguel

Touren in der Region

São Miguel umfassend erlebt

(4) Ponta Delgada › Sete Cidades › Mosteiros › Capelas › Lagoa › Caloura › Vila Franca do Campo › Furnas › Povoaçao › Ribeira Grande

Länge: 3 Tage; 240 km
Verkehrsmittel: Nehmen Sie sich in Ponta Delgada einen Mietwagen; übernachtet wird in Ponta Delgada und Furnas.

Blühende Hecken säumen die Straße, die von Ponta Delgada nach Westen zum Miradouro da Vista do Rei führt. Der herrlich gelegene Aussichtspunkt eröffnet wahrlich einen »Königsblick« auf die Kraterseen der ****Caldeira das Sete Cidades** › S. 61.

Weitere Stationen im Inselwesten sind der Fischerort ***Mosteiros** › S. 62 mit seinem attraktiven Strand sowie der alte Walfängerhafen **Capelas** › S. 62, bevor es quer über die Insel zurück nach Ponta Delgada geht.

In der Hauptstadt wird noch einmal übernachtet, anschließend beginnt die zweitägige Fahrt in den Osten von São Miguel.

In **Lagoa** › S. 63 wird wunderschöne Keramik fabriziert, und **Caloura** › S. 63 erinnert an mediterrane Gefilde. Historisches Flair bietet die Traditonsstadt **Vila Franca do Campo** › S. 65. Höhepunkt des Tages dürfte der Besuch des idyllischen Tals von ****Furnas** › S. 65 sein, wo Sie übernachten können.

Der dritte Tag widmet sich dem netten Städtchen **Povoaçao** › S. 68 und der ursprünglichen Nordostküste. Die kurvenreiche Strecke berührt dort einen Aussichtspunkt nach dem anderen. In **Gorreana** › S. 70 lohnt ein Stopp an der ***Teeplantage. Ribeira Grande** › S. 70, die zweitgrößte Stadt São Miguels, besticht durch historische Bauten und Straßencafés rund um den Stadtpark. Zum Abschluss geht es zum Miradouro auf dem 949 m hohen **Pico Barrosa.**

Die prächtigsten Gärten auf São Miguel

5 Ponta Delgada › Pinhal da Paz › Furnas

Länge: 2 Tage: 1. Tag 16 km, 2. Tag 90 km
Verkehrsmittel: Für die Fahrt zum Pinhal da Paz Mietwagen oder Taxi; nach Furnas (2. Tag) gelangt man auch mit dem Linienbus.

Der erste Vormittag widmet sich ***Ponta Delgada** › S. 56, einer Stadt der Grünanlagen. Schon der dschungelartige Stadtpark **Parque António Borges** › S. 57, den Sie zu früher Stunde noch fast für sich haben, stellt ein Erlebnis dar. Dann geht es zum ehemaligen Privatpark der Großgrundbesitzerfamilie Do Canto (19. Jh.). Heute ist die prächtige subtropische Anlage zweigeteilt. Zu besichtigen sind sowohl der blütenreiche **Jardim do Palácio de Sant'Ana,** der im Besitz der Azorenregierung ist, als auch der private, romantische ***Jardim José do Canto** › S. 57. Nachmittags machen Sie sich auf den Weg zum nördlich von Ponta Delgada gelegenen **Pinhal da Paz** › S. 60, einem waldartigen botanischen Garten mit verschlungenen Wegen und Picknickplätzen.

Am zweiten Tag geht es nach ****Furnas** › S. 65. Gewaltige Bäume von allen Kontinenten sind das Markenzeichen des dortigen **Parque Terra Nostra** › S. 65. Teiche und Grotten schaffen eine verwunschene Atmosphäre.

Wanderungen zu den schönsten Kraterseen auf São Miguel

6 Parque Lagoa do Canário › Caldeira das Sete Cidades; Praia › Lagoa do Fogo › Praia; Lagoa das Furnas › Caldeiras da Lagoa das Furnas › Furnas

Länge: 3 Tagesausflüge ab Ponta Delgada; Fahrstrecke/ Wanderdauer: 1. Tag: 63 km/ 3,5 Std.; 2. Tag: 50 km/4 Std.; 3. Tag: 86 km/2,5 Std.
Verkehrsmittel: Am ersten Tag Anfahrt mit dem Taxi (Rückfahrt vorbestellen); am zweiten Tag Bus oder Mietwagen; am dritten Tag bringt Sie der Linienbus hin und zurück.

Die aussichtsreiche Wanderung um den Ostrand der ****Caldeira das Sete Cidades** › S. 61 beginnt östlich vom **Parque Lagoa do Canário**. Allmählich senkt sich der Weg zum gleichnamigen Ort ab, wo Sie einkehren können, bevor Sie mit dem vorbestellten Taxi zurück nach Ponta Delgada fahren. Die zweite Tageswanderung führt als Rundweg von der Südküste bei **Praia** zum einsamen Bergsee **Lagoa do Fogo** › S. 64. Am dritten Tag laufen Sie vom Südufer der **Lagoa das Furnas** im Uhrzeigersinn bis zu den **Caldeiras da Lagoa das Furnas** › S. 66. Von hier können Sie direkt hinab nach ****Furnas** › S. 65 wandern oder zuvor noch als lohnenden Abstecher den Aussichtsberg **Pico do Ferro** ersteigen › S. 67.

Highlights von Santa Maria

7 Vila do Porto › Praia Formosa › Pico Alto › Maia › São Lourenço › Santa Barbara › Anjos › São Pedro › Vila do Porto

Länge: 1 Tag; 60 km.
Verkehrsmittel: Nehmen Sie in Vila do Porto einen Mietwagen oder ein Taxi.

Vila do Porto › S. 72 ist Ausgangs- und Endpunkt dieser Tour. ***Praia Formosa** › S. 74, das erste Ziel, beeindruckt vom Miradouro da Macela, der die schöne Bucht überragt. Einen Kontrast dazu bildet der **Pico Alto** › S. 74, Santa Marias höchster Berg.

Eine Panoramastraße führt Sie anschließend erst zum Leuchtturm an der Südostspitze bei ***Maia** und weiter zur Weinbauernbucht von **São Lourenço** › S. 75 an der Ostküste. Weiter auf dem Weg Richtung Nordwesten folgt das hübsche Dorf **Santa Bárbara** › S. 74, bis man nach kurvenreicher Strecke in **Anjos** › S. 74 an der Nordküste anlangt. Stilvoll können Sie gegen Ende der Rundfahrt in **São Pedro** › S. 74 im Restaurant Rosa Alta feine Regionalküche speisen.

Mit der Dreitagestour »São Miguel umfassend erlebt« › S. 51 lässt sich diese Rundfahrt zu einer einwöchigen Tour verbinden. An den zwei ausflugsfreien Tagen erfolgen Hin- bzw. Rückreise per Fähre oder Flugzeug zwischen den beiden Inseln.

Verkehrsmittel

■ **Flughafen:** In Ponta Delgada (PDL) auf São Miguel liegt er ca. 4 km westlich der Stadt (Taxistand; Fahrt in die Stadt ca. 10 €). Auf Santa Maria (SMA) befindet er sich 4 km nordwestlich von Vila do Porto (Taxistand; Fahrt in die Stadt 6–7 €; Bus Mo–Fr nach Bedarf). Die SATA fliegt 1–2 x tgl. zwischen den beiden Inseln hin und her. Ponta Delgada ist mit allen anderen Azoreninseln regelmäßig verbunden.

■ **Autofähren:** Die Atlântico Line verbindet Mitte Mai bis Ende Sept. 2–3 x pro Woche Ponta Delgada (São Miguel) mit Vila do Porto (Santa Maria). In Ponta Delgada gibt es Anschluss an die anderen Inseln.

■ **Überlandbusse:** Es gibt auf São Miguel drei Gesellschaften: AVM, Tel. 296 301 358, bedient den Inselwesten, Varela, Tel. 296 301 800, den Südosten, CRP, Tel. 296 304 260, den Nordosten und Osten. Fahrpläne unter www.smigueltransportes.com. Alle wichtigen Orte werden ca. 6–8 x tgl. angefahren, am Wochenende seltener. Auf Santa Maria fährt Mo–Fr 2 x tgl., Sa 1 x tgl.

4 São Miguel umfassend erlebt **Ponta Delgada › Sete Cidades › Mosteiros › Capelas › Lagoa › Caloura › Vila Franca do Campo › Furnas › Povoaçao › Ribeira Grande**

5 Die prächtigsten Gärten auf São Miguel **Ponta Delgada › Pinhal da Paz › Furnas**

ein Bus die Strecke Vila do Porto – São Pedro – Santa Bárbara – Santo Espírito. Am So kein Busverkehr.

■ **Stadtbus:** 3 Minibuslinien fahren in Ponta Delgada alle 15 Min. verschiedene Rundkurse (0,35 €).

Wichtige Adressen

Offizielle Infobüros:

■ **Delegação de Turismo**
São Miguel, 9500-150 Ponta Delgada, Av. Infante Dom Henrique, Tel. 296 285 743, www.visitazores.com, Mo–Fr 9–18, Sa 9 bis 13 Uhr. Büro am Flughafen: Tel. 296 284 569.

■ **Posto de Turismo,**
Santa Maria, 9580-419 Vila do Porto, Aeroporto de Santa Maria, Tel. 296 886 355.

Büros der Fluggesellschaft SATA:

■ **Ponta Delgada**
São Miguel, Av. Infante Dom Henrique 55, Tel. 296 209 700, Mo–Fr 9–17.15 Uhr

Vila do Porto
Santa Maria, Rua Dr. Luis Bettencourt, Tel. 296 886 501
Flughafeninfo: www.ana.pt

6 **Wanderungen zu den schönsten Kraterseen auf São Miguel** Parque Lagoa do Canário › Caldeira das Sete Cidades; Praia › Lagoa do Fogo › Praia; Lagoa das Furnas › Caldeiras da Lagoa das Furnas › Furnas

Unterwegs auf São Miguel

*Ponta Delgada 1

Seit 1546 ist Ponta Delgada (ca. 35 000 Einw., Gesamtgemeinde 69 000 Einw.) die Hauptstadt von São Miguel. So gibt es Repräsentativbauten aus fast fünf Jahrhunderten zu bewundern. Wer hier nicht ohnehin Quartier bezogen hat, sollte sich drei Stunden Zeit für einen Stadtrundgang nehmen.

Manuelinisch verspielt gibt sich das Hauptportal der **Igreja Matriz de São Sebastião** A von 1531, die dem Schutzpatron der Stadt nach einer Pestepidemie geweiht wurde. Der Bau wurde seinerzeit von König João III. finanziell unterstützt. Dafür ließ er sich gemeinsam mit seiner Frau Catarina auf zwei Marmormedaillons über dem Südportal verewigen. Das Kircheninnere ist mit kostbaren Holzschnitzereien aus dem 17./18. Jh. ausgestattet.

Das Renaissancerathaus im historischen Stadtkern

Am Largo da República erhebt sich die **Câmara Municipal** B (Ende 16. Jh.), ein typisch azorianisches Renaissancerathaus mit Außentreppe. In der Barockzeit kam der wuchtige Turm hinzu. Arkadenumsäumt präsentiert sich gleich daneben der **Largo de Gonçalo Velho Cabral** C mit dem Denkmal des vermutlichen Entdeckers der Azoren und einem Stadttor von 1793.

Ein *metrosídero* (Eisenholzbaum) mit weit ausladenden Ästen wirft Schatten über die Praça 5 de Outubro. An der Westseite des Platzes erhebt sich die 1709 als Franziskanerkirche erbaute **Igreja São José** D mit ihrer streng geometrischen Fassade. Innen bezaubern die vergoldeten Holzschnitzereien (Mo–Fr 14–18 Uhr). Den größeren Zulauf hat die mit Sakralschätzen überaus reich ausgestattete Kirche des Klosters **Nossa Senhora da Esperança** E nördlich des Platzes. Sie ist Ausgangspunkt für die große Prozession zu Ehren des Senhor Santo Cristo dos Milagres, die alljährlich fünf Wochen nach Ostern durch Ponta Delgada zieht. Zum Meer hin präsentiert im wuchtigen **Forte de São Brás** F (16. Jh.) das **Museu Militar dos Açores** Militärgeschichte des 19./20. Jhs. (Di–Fr 10–18, Sa 14–18 Uhr).

Der großzügige **Parque António Borges** G wirkt besonders bei feuchter Witterung **wie ein Dschungel.** Fächerförmig breiten sich die Wurzelgeflechte tropischer Bäume über den Rasen des Stadtparks aus (Mo–Fr 9–20, Sa, So, Fei 9–21 Uhr). Im kleineren **Jardim Antero de Quental** H kommt die Kultur zum Zuge: Ant(h)ero de Quental war ein im 19. Jh. sehr bekannter Dichter aus Ponta Delgada; von ihm stammen auch die beiden in den Stein gemeißelten Sonette. Nebenan ragt die Barockfassade der **Igreja do Colégio** I auf. Ihr Bau wurde 1737 begonnen, die Vertreibung der Jesuiten aus Portugal 1760 verhinderte jedoch die Fertigstellung. So fehlen die Glockentürme. Jetzt beherbergt die Kirche mit dem angrenzenden Ordenshaus den **Núcleo de Arte Sacra do Museu Carlos Machado,** eine Sammlung sakraler Kunst (Di–Fr 10–17.30, Sa, So ab 14 Uhr, Fei geschl.). Einige Schritte weiter befindet sich in einem ehemaligen Kloster der Hauptsitz des ***Museu Carlos Machado** J. Sein umfangreicher Bestand an naturwissenschaftlichen und volkskundlichen Exponaten sowie moderner Kunst wird derzeit neu geordnet. Das Museum ist bis auf Weiteres geschlossen (Infos: http://museucarlosmachadoazores.gov.pt).

Beinahe am Stadtrand liegt an der Rua José do Canto ein zweigeteiltes, fast 6 ha großes Parkgelände, das ab 1845 angelegt wurde. **Durch einen hohen Baumbestand** zeichnet sich der ***Jardim José do Canto** aus (Mai–Okt. tgl. 10–20 Uhr, sonst bis Sonnenuntergang, www.jardimjosedocanto.com; Eintritt 2 €). Hier steht auch der kleine Palácio José do Canto (19. Jh.), in dem mit der Casa do Jardim ein Residencial untergebracht ist › S. 59. Nebenan, im **Jardim do Palácio de Sant'Ana,** erhebt sich der gleichnamige Palast, heute Residenz des Präsidenten der Regionalregierung. Blumenrabatten durchziehen wie Teppiche die gepflegte Gartenanlage. (Mo–Fr 10–16 Uhr, Sa/So/Fei geschl.; Eintritt 2 €.)

Im Jardim José do Canto am Stadtrand von Ponta Delgada

Strände der Stadt

Gepflegte Strandzonen östlich der Stadt laden zum Baden ein: In **São Roque** gibt es mehrere kleine Sandstrände unterhalb der Pfarrkirche, außerdem die **Praias das Milicias** mit dem Aparthotel Barracuda.

Weiter außerhalb liegt die unverbaute **Praia do Pópulo** – dort gibt es auch eine Strandbar. An sommerlichen Wochenenden vergnügen sich hier wie dort viele Einheimische.

Hotels

■ **Royal Garden Hotel**
Rua de Lisboa
Tel. 296 307 300
www.investacor.com
Das erste Designerhotel der Azoren. Großer Wellnessbereich. ●●●

■ **Aparthotel Barracuda**
Praias das Milícias (São Roque)
Tel. 296 381 421
www.hotel-barracuda.com
Haus im traditionellen Stil direkt am Strand im Stadtteil São Roque, fast alle Zimmer mit Balkon und Meerblick. ●●

Casa Vitoriana
Rua Dr. João Francisco de Sousa 34
Tel. 296 285 081
www.casavitoriana.com
Stadthaus im viktorianischen Stil. Eine Oase ist der tropische Obstgarten. ●●

Casa do Jardim
Rua José do Canto 9
Tel. 296 650 310
www.residencialcasadojardim.com
Gehobene Pension mit 14 Zimmern im Erdgeschoss eines Palastes › S. 57. ●

Residencial Carvalho Araújo
Rua Carvalho Araújo 63/65
Tel. 296 307 090
www.residencialca.com
In der Nähe des Jardim Antero de Quental, familiär-nostalgisch, ordentliche Ausstattung. ●

- **A** Igreja Matriz de São Sebastião
- **B** Câmara Municipal
- **C** Largo de Gonçalo Velho Cabral
- **D** Igreja São José
- **E** Nossa Senhora da Esperança
- **F** Forte de São Brás
- **G** Parque António Borges
- **H** Jardim Antero de Quental
- **I** Igreja do Colégio
- **J** Museu Carlos Machado

Restaurants

100 Espinhas
Portas do Mar, Loja 5
Tel. 296 098 485
Feines Fischlokal am neuen Kreuzfahrtterminal, kreative Speisekarte; Lounge für ein schickes Publikum. ●●●

Super Prato
Rua Margarida de Chaves
Tel. 296 284 434
Familiär geführtes, modern und angenehm gestyltes Lokal mit vielen einheimischen Gästen. Traditionelle azorianische Küche. ●●

O Roberto
Av. Infante D. Henrique 14
Tel. 296 283 769
Aufgetischt werden Spezialitäten wie Bife à Roberto (Steak) oder Bacalhau (Stockfisch); erfreulicher Service, Meerblick. Sa geschl. ●

Rotas da Ilha Verde
Rua de Pedro Homem 49
Tel. 296 628 560
Einziges vegetarisches Restaurant auf São Miguel; manchmal Themenabende. Tgl. 12–22 Uhr. ●

Shopping

Mercado da Graça
Rua do Mercado
Mo–Fr 7–19, Sa 7–13 Uhr.
Obst- und Gemüsestände reihen sich in der modernen Markthalle. Sie verkaufen, was auf den Azoren geerntet wird, speziell **Unmengen frischer Ananas** und die scharfen Piri-Piri-Schoten. Auch Fisch, Fleisch und

Echt gut!

Blumen sind im Angebot. Im Ladenlokal vorn rechts offeriert der Käsekönig, **O Rei dos Queijos,** azorianische Käsespezialitäten.

Nightlife

■ Coliseu Micaelense

Rua de Lisboa][Tel. 296 209 502
www.coliseumicaelense.pt
Im 1917 gegründeten und 2005 renovierten Theater gibt es am Wochenende oft Varieté mit Tanz- oder Akrobatikgruppen. Ab und zu verwandelt sich das Theater in eine Megadisco. Ticket-Vorverkauf an der Kasse Di–Sa und an Spieltagen.

■ Colégio 27

Rua Carvalho Araújo
Tel. 296 288 930
http://colegio27.tripod.com
Trendige Jazz-Lounge und Cocktailbar in einem 400 Jahre alten Salzlagerhaus. Mi/Do 23–2 Uhr Live-Auftritte.

■ Fair Play

Rua da Cruz 17–19
http://fairplaybar.blogspot.com
Die vielleicht heißesten Nächte von São Miguel. DJ Pika und weitere, zu speziellen Events eingeladene DJs heizen dem Publikum ordentlich ein. Etwa einmal pro Woche ist »Ladies Night«. Di–So 12–5 Uhr.

Ausflüge ab Ponta Delgada

Ananasplantage

Im Nordosten Ponta Delgadas, in Fajã de Cima und Fajã de Baixo, dehnen sich Ananasplantagen aus. Die tropischen Früchte werden mit hohem Aufwand in Treibhäusern gezogen, sind entsprechend teuer, schmecken allerdings auch besonders köstlich. In der ***Plantação de Ananases »A. Aruda«** (ausgeschildert ab der Kirche von Fajã de Baixo) gewinnt man einen Überblick über den Anbau. Der angeschlossene Laden verkauft **Likör, Saft, Marmelade und Bonbons aus Ananas** (Mai–Sept. tgl. 9–20, sonst bis 18 Uhr).

Echt gut

Pinhal da Paz

Das Naherholungsgebiet Pinhal da Paz bedeckt ein fast 50 ha großes, bewaldetes Areal in einer Vulkanhügellandschaft nördlich von Ponta Delgada (ab Kreisverkehr nördlich von Fajã de Cima ausgeschildert). Lauschige Fußwege durchziehen das Gelände, Wandertafeln weisen die Richtung. Auch für Mountainbiker sind die Routen attraktiv. Es gibt Picknickplätze, einen Kinderspielplatz, Fitnessparcours und am höchsten Punkt des Waldparks (240 m) einen Miradouro mit Traumblick über Ponta Delgada.

Der Großgrundbesitzer António do Canto Brum legte Anfang des 20. Jhs. durch die Pflanzung verschiedener exotischer Baumarten den Grundstock für den heutigen Park. 1988 erwarb die Azorenregierung das Gelände. Sie legte innerhalb des Waldes verschiedene Themengärten an: endemische Pflanzen, Farne, Palmen, Kamelien, Kakteen usw. (Parkplan unter www.azores.gov.pt; Mo–Fr 8–19, Sa, So, Fei 10 bis 20 Uhr, im Winter jeweils nur bis 16 Uhr; Eintritt frei).

Karte Seite 54

1 Sete Cidades 2

Der **Miradouro da Vista do Rei** eröffnet aus 550 m Höhe **wahrlich einen »Königsblick«** über einen der schönsten Landstriche der Azoren: In der 12 km messenden ****Caldeira das Sete Cidades** ruhen die blaue Lagoa Azul und die grüne Lagoa Verde am Fuß fast senkrechter Kraterwände. Auf der Fahrt in den Kessel hinab lässt sich der Blick vom **Miradouro do Cerado das Freiras** nochmals genießen. Dann schaut man links vom **Miradouro da Lagoa de Santiago** zum vom Wald umgebenen gleichnamigen Kratersee.

ht gut!

Am Südostrand der Caldeira liegt der unter Naturschutz stehende **Parque da Lagoa do Canário** mit einem kleinen Kratersee im waldreicher Umgebung. (Mo bis Fr 8.30–16, Mai–Sept. auch Sa, So, Fei 10–19 Uhr). Unweit östlich der Zufahrt zum Park ist an der Straße der Wanderweg **PR 4 SMI** ausgeschildert. Sein erster Abschnitt bis zu einem Aquädukt ist asphaltiert, dann geht es auf einem Forstweg zunächst durch Kryptomerienwald, anschließend durch freies Gelände steil zum Pico da Cruz (845 m) hinauf und weiter entlang des Ostkamms der Caldeira. Von deren Nordrand steigt man steil abwärts und erreicht nach 3,5 Std. **Sete Cidades.**

Sieben Städte in Flammen

Die Sage erzählt von einem König, der sehr traurig darüber war, keine Kinder zu haben. Daher regierte er sein Volk äußerst grausam, obwohl er im Grunde ein guter Mensch war. Eines Abends versprach ihm eine Lichtgestalt eine Tochter, doch sollte er sie vor ihrem 30. Geburtstag nicht sehen. So würde er genügend Zeit haben, sich zu ändern. Die Prinzessin sollte in sieben stark befestigten Städten (Sete Cidades) aufwachsen, und sollte der König versuchen, sie vor Ablauf der 30 Jahre zu sehen, müsste er mit seinem Tod und dem Untergang seines Reiches dafür bezahlen.

Der König freute sich sehr und versprach, die Bedingungen zu erfüllen. Wenig später kam die Prinzessin zur Welt. Die Jahre vergingen und der Vater sehnte sich immer mehr nach seiner Tochter. Als nur noch zwei Jahre fehlten, konnte er nicht mehr warten und machte sich auf den Weg. Je näher er den sieben Städten kam, desto mehr begann die Erde zu beben. Voller Wut stürmte der König die Festung. Die Erde erzitterte, der Boden brach auf, riesige Flammen wurden herausgeschleudert und eine gewaltige Flutwelle riss die ganze Insel weg. Nur neun felsige Inselflecken, die Azoren, blieben übrig.

Der Ort, an dem die Prinzessin gelebt hatte, verwandelte sich in die Caldeira das Sete Cidades. Das Wasser in einem Teil ist grün (Lagoa Verde), da dort ihre Pantoffeln liegen, der andere schimmert blau (Lagoa Azul), weil dort ihr Hut vom Grund herauf leuchtet.

Für den ruhigen Ort typisch sind die *espigueiros*, auf Pfählen stehende Getreidespeicher. Diese Bauweise verhinderte das Eindringen von Mäusen und bot früher Schutz vor Überschwemmungen. Schmuck erhebt sich die neugotische Pfarrkirche **São Nicolão** am Dorfrand.

Restaurant

O Arado
Rua da Caridade 21
Tel. 296 295 301
Im Sommer beliebtes Familienausflugsziel; deftige Inselküche. So geschl. ●

Kulinarische Souvenirs von São Miguel

- Köstliche kleine Käsekuchen, **Queijadas,** sind die Spezialität von Vila Franca do Campo. Mit nach Hause genommen, bleiben sie noch viele Tage frisch. › S. 47
- **Ananas** wächst in Gewächshäusern bei Ponta Delgada. Auch Likör, Saft, Marmelade und Bonbons werden aus den schmackhaften Früchten hergestellt. › S. 60
- Die zwei letzten **Teeplantagen** Europas produzieren auf São Miguel. In beiden können verschiedene Sorten im Direktverkauf erstanden werden. › S. 70
- Auch **Maracujas** gedeihen auf der Insel. In Ribeira Grande macht man daraus leckeren Likör. › S. 71
- **Tunfisch** der in ganz Portugal bekannten Marke Bom Petisco wird in Rabo de Peixe › S. 72 eingedost. *Ao natural* oder in Öl eingelegt, ist er in jedem Supermarkt erhältlich.

*Mosteiros 3

Das an der Nordwestküste von São Miguel gelegene Fischerdorf (1200 Einw.) ist häufig der Brandung ausgesetzt. Doch den attraktiven schwarzen Strand schützt ein Ensemble von Felsen, die sich zu einem »Kloster« (port. *mosteiro*) mit »Mönchen« gruppieren.

In der Umgebung haben sich viele deutsche Aussteiger niedergelassen, und auch viele Einheimische errichteten hier Ferienhäuser. Viele werden privat vermietet › S. 27.

Restaurant

Brisa do Mar
Rua das Pensões 97
Tel. 296 915 496
Auf der großen Sonnenterrasse werden gegrilltes Fleisch und Meeresfrüchte serviert. ●

Santo António und Capelas

Von Palmen umgeben ist **Santo António 4**. Beim Ort steht noch eine der wenigen erhaltenen Windmühlen von São Miguel. Vom gartenartig gestalteten **Miradouro do Santo António** am östlichen Ortsrand lässt sich die lange Bucht von Ribeira Grande überblicken.

In der Umgebung von **Capelas 5** zeugen viele *quintas* (Gutshöfe) von der Zeit des lukrativen Orangenanbaus. Die kleine **Oficina Museu M. J. Melo** dokumentiert altes Handwerk und zeigt

Karte Seite 54

Blumenbilder von Manuel João Melo (Mo–Sa 9–12, 13–18 Uhr; Eintritt 2 €). Danach erfrischt ein Bad im wildromantischen alten Walfängerhafen.

Hotels

Solar do Conde
Capelas][Rua do Rosário 36
Tel. 216 027 820
www.hotelsolardoconde.com
Über das **ausgedehnte Gelände eines früheren Gutshofs (17. Jh.)** verteilen sich kleine Häuser mit Apartments für bis zu 4 Personen. Gutes Restaurant, Bar, kleiner Pool. ●●●

Casa do Monte
Santo António][Estrada Regional 2
Tel. 296 298 144
www.virtualazores.com/monte
Wunderschönes, in klassischem Altrosa gehaltenes Gutshaus; seit drei Jahrhunderten in Familienbesitz. Mit Reiten, Radfahren und Spaziergängen lassen sich hier Ferien auf dem Bauernhof auf hohem Niveau verbringen. Fünf stilvolle Gästezimmer, Frühstück in der traditionellen Küche. ●●

Lagoa 6

Der Fischerort (9000 Einw.) ist auch ein Zentrum der Keramikindustrie. In den Gebäuden der **Fábrica Cerâmica Vieira** lassen sich die Töpfer über die Schultern schauen. Außer Gebrauchsgeschirr wie Schüsseln und Tassen stellen sie kunstvoll bemalte und gestaltete Fliesen (Azulejos) her (Rua das Alminhas 10–12; Fabrik und Verkauf: Mo–Fr 9–12, 14 bis 18 Uhr, Verkauf auch Sa 9 bis 12.45 Uhr).

Restaurant

Borda d'Água
Largo do Porto 52
Tel. 296 912 114
Das wohl **renommierteste Fischlokal** von São Miguel besitzt eine schöne Terrasse am Hafen. Mo–Sa 12–15, 19–23 Uhr. ●●●

*Caloura 7

Dank des milden Klimas und der fast schon mediterranen Atmosphäre ist die Villensiedlung Caloura ein beliebter Ferienstandort mit gehobenem Niveau. Im Ortsteil **Baixa de Areia** (Wegweiser »Praia«) wartet am winzigen Fischerhafen neben einer Bar in der ehemaligen Hafenfestung ein **traumhafter Meerespool,** von hohen Klippen dominiert.

Den Hafen überragt die **Igreja Nossa Senhora da Conceiçao** (17. Jh.), ein Kleinod des azorianischen Barock. Mitte des 16. Jhs. stand hier ein Nonnenkloster. Die Schwestern bekamen vom Papst in Rom die Baugenehmigung, und als Geschenk obendrein die heute auf São Miguel hoch verehrte Büste des Senhor Santo Cristo dos Milagres. Das Kloster wurde später wegen der ständigen Gefahr von Piratenüberfällen in die sichere Hauptstadt Ponta Delgada verlegt.

Wer auf der Durchreise keine Gelegenheit für den kurzen Abstecher nach Caloura hat, kann von der Hauptstraße, vom **Miradouro do Pisão,** einen beeindruckenden Blick hinunter auf den Ort werfen.

Küste von Caloura

Hotels

■ **Caloura Hotel Resort**
Água de Pau][Tel. 296 960 900
www.calourahotel.com
Freizeitorientierte, moderne Anlage mit Schwimmbad, Sauna und Reitgelegenheit. ●●●

■ **Quinta Altamira**
Água de Pau][Tel. 296 913 980
www.azoren-altamira.de
Bungalows für bis zu 6 Personen in einer weitläufigen Parkanlage nahe am Meer, mit Pool und Tennisplatz, unter deutscher Leitung. ●●

Ribeira Chã

Der kleine Ort ist reich an Kulturgut, das in den **Núcleos Museológicos** präsentiert wird. Dazu gehören ein Museum für Kirchenkunst und Volkskunde und ein Landwirtschaftsmuseum. Letzteres dokumentiert den Anbau von *pastel* (Färberwaid), einer Pflanze die den Naturfarbstoff Indigoblau lieferte und bis Mitte des 17. Jhs. von den Azoren aus exportiert wurde. Zudem gibt es ein Weinmuseum, eine Krippensammlung, ein Haus mit Originaleinrichtung und einen botanischen Garten (www.ribeiracha.com, Mo–Fr 9 bis 12, 14–17, Juli–Sept. auch Sa, So 14–17 Uhr; nur mit Führung, 2 €, mit Tee und Gebäck 3 €).

Praia 8

In der weit geschwungenen Bucht von Praia erstreckt sich einer der schönsten, längsten und bis auf ein Hotel unbebauten Sandstrände von San Miguel. Praia ist auch der Ausgangpunkt für eine vierstündige Rundwanderung zum einsamen Bergsee **Lagoa do Fogo** › S. 72. Dazu folgt man der Küstenstraße bis zum nahe gelegenen Ort Água de Alto. Ab dort ist die Route, die rund 650 Höhenmeter aufwärts Feld- und später Waldwegen folgt, ausgeschildert. Am ruhigen Südufer des Bergsees lohnt sich eine ausgiebige Pause. Bei einer Wetterstation beginnt der Abstiegsweg, zunächst einem sumpfigen Tal folgend und dann entlang einer *levada,* eines wildromantischen Wasserkanals. Diesen verlässt man bei einem Wasserreservoir und steigt über Feldwege nach Praia ab.

Hotel

Hotel Bahia Palace
Água de Alto][Tel. 296 539 130
www.hotelbahiapalace.com
Etwa 100 Zimmer mit viel Komfort, fast alle mit Meerblick. ●●●

Vila Franca do Campo 9

Auf einem flachen Uferstreifen *(campo)* gegründet, war das Fischerstädtchen (5200 Einw.) die von Zöllen freie *(franca)* erste Hauptstadt der Insel. 1522 zerstörte ein Erdbeben die stolzen Bauten der Händler und Adligen. Sie wanderten nach Ponta Delgada ab, der Status der Hauptstadt ging verloren. Die Anfang des 17. Jhs. wieder aufgebaute **Igreja de São Miguel** überstrahlt heute das Zentrum mit seinen engen Gassen. Jachthafen und **Aquapark** › S. 20 zeugen von touristischer Entwicklung. Idyllisch liegt die winzige Vulkaninsel **Ilhéu de Vila Franca** im Meer. **Der halboffene Krater ist ein idealer Pool.** Juni–Sept. fährt ein Ausflugsboot hinüber (stündl. zwischen 10 und 18 Uhr, mit Rückfahrt 4,50 €).

cht gut!

Hotel

Hotel Marina
Rua Eng. M. A. Martins Mota
Vinha d'Areia
Tel. 296 539 200
www.hotelhorta.com
Modernes Haus am Jachthafen; ansprechende Architektur, alle Zimmer mit Balkon oder Terrasse. ●●

Restaurant

O Jaime/Jardim do Roberto
Rua Teófilo Braga 108
Tel. 296 582 419
Regionale Küche, im Sommer schönes Gartenambiente. Filiale am Hafen mit Meerblick. ●●

Ausflug zur *Igreja Nossa Senhora da Paz

2 km außerhalb von Vila Franca do Campo thront die Wallfahrtskirche, die der Friedensmadonna geweiht ist, inmitten grüner Hügel. Eine symmetrische Treppe, einmalig in ihrer Art auf den Azoren, aber auf dem portugiesischen Festland hier und da ähnlich zu finden, führt hinauf, vorbei an Fliesenbildern mit Szenen aus dem Marienleben. Oben bietet sich ein herrlicher Ausblick über Meer und Stadt.

**Furnas 10

Wer Ruhe sucht, gerne wandert und in warmem Thermalwasser badet, ist in Furnas (1500 Einw.) richtig. Am Nordrand des Ortes ziehen schwefelige Dunstschwaden durch die Luft. Dort brodeln die kochend heißen Quelltöpfe der *caldeiras* – Zeugen vulkanischer Aktivität. Brunnen mit heilkräftigem Wasser sprudeln in der Nähe.

2 Im **Parque Terra Nostra** speisen warme Quellen ein teichartiges Thermalbad. Gäste des angrenzenden Hotels Terra Nostra Garden › S. 66 und Parkbesucher (für Letztere Eintritt 5 €; Mo–Sa 9.30–18.30 Uhr) ziehen dort im wegen seines Eisengehalts braungelb gefärbten Wasser ihre Runden. Riesige Araukarien und Sicheltannen werfen Schatten

über gewundene Kanäle, aus Grotten plätschern Wasserfälle in Teiche. Unter den Wedeln von Palmen haben sich Fledermäuse eingerichtet. In einer Gartenvilla im Park kombiniert Dirk Petersen fernöstliche Heilmethoden mit einer Thermalkur gegen Übersäuerung, Rückenprobleme und Alltagsstress (Infos Mo–Fr 18–20 Uhr MEZ unter Tel. 914 708 500, www.slevoyre.de, › S. 25).

Entspannung in heißem, eisenhaltigem Wasser bieten auch die **Banhos Férreos,** ein nostalgisches kleines Kurhaus mit Badebecken mitten im Ort (tgl. 10–22 Uhr; Eintritt 3,50 €).

Echt gut!

Eine **kleine Thermalbadestelle in lauschiger Umgebung** ist die **Poça da Dona Beija** (auch als Paradise Pool bekannt) am oberen Ortsrand beim Restaurant Cantinho da Berça. Es handelt sich um zwei Felsbecken, deren warmes Wasser unmittelbar aus dem Berg sprudelt. Sie sind bei Einheimischen sehr beliebt (mit Umkleidekabinen und Liegeflächen; tgl. 7–23 Uhr; Eintritt 2 €).

Info

Posto de Turismo
Rua F. Moniz Pereira 19
Tel. 296 584 525
Mo–Fr 14–17.30 Uhr.

Hotels

Hotel Terra Nostra Garden
Rua Padre José Jacinto Botelho 5
Tel. 296 549 090][www.bensaude.pt
Der alte Flügel von 1934 ist im Art-déco-Stil, im neuen Anbau weisen fast alle Zimmer zum Garten. ●●●

Furnas Lake Villas
Lagoa das Furnas][Tel. 296 584 107
www.furnaslakevillas.pt
8 komfortable Bungalows für Selbstversorger im Designerlook, außen mit viel hellem Holz. Für 2 oder 4 Personen. Die exklusive Anlage liegt nicht weit vom Südrand des Sees von Furnas. Mit Pool und Snackbar. ●●●

Restaurants

Tony's
Largo do Teatro 5][Tel. 296 584 290
Fisch- und Fleischgerichte am zentralen Platz vor der Kirche, natürlich gibt es auch hier *cozido.* Von Einheimischen gern frequentiert. Tgl. geöffnet. ●●

O Miroma
Rua Dr. F. Moniz Pereira 15
Tel. 296 584 422
Spezialität ist *cozido nas caldeiras,* in vulkanischen Quelltöpfen gekochter Eintopf. Mi geschl. ●

Ausflüge ab Furnas

Lagoa das Furnas

Idyllisch in den Kessel eines 6,5 km breiten Kraters eingebettet liegt dieser See. An seinem Nordrand (Wegweiser »Caldeiras«), zieht Schwefeldampf durch die Luft. In den **Caldeiras da Lagoa das Furnas** blubbert kochender Schlamm. Unweit davon lassen am Wochenende einheimische Familien ihren *cozido* (Eintopf) in heißen Erdlöchern kochen. Ein Wärter ist für das Versenken der Töpfe zuständig. Erst nach mehreren Stunden ist das Essen gar. Inzwischen kann man mit einem

Im Tal von Furnas: Grüne Wiesen bedecken vulkanischen Untergrund

geliehenen Tretboot über den See gondeln oder sich an einer Imbissbude mit kühlen Getränken versorgen (beides nur im Sommer). Vom Baden wird wegen der Wasserqualität abgeraten.

Am Südufer spiegelt sich im Wasser die neugotische Silhouette der **Ermida de Nossa Senhora das Vitórias** (19. Jh.). Sie soll eine verkleinerte Ausgabe der Kathedrale von Chartres darstellen. Die weit gereiste Großgrundbesitzerfamilie Do Canto engagierte einen Architekten aus Paris, um mit der Errichtung einer Kapelle ein Gelübde zu erfüllen. Wer per Linienbus oder Taxi anreist, kann hier aussteigen und Furnas wandernd erreichen (1,5–2 Std.). Dazu den See entlang des Ufers im Uhrzeigersinn zu etwa zwei Dritteln umrunden, bis zu den Caldeiras. Dort nicht zur Hauptstraße hinüber, sondern einen holprigen Fahrweg hinab zum Ort.

Pico do Ferro

Um zum »Eisenberg«, an dem jedoch kein Eisenerz vorkommt, zu gelangen, fährt man am 4 km nördlich von Furnas gelegenen Golfplatz vorbei. Kurz nach dessen Zufahrt biegt eine Straße zum Aussichtspunkt auf dem Pico do Ferro (544 m) ab. Wer den Gipfel lieber zu Fuß erreichen möchte, kann vom Parkplatz bei den Caldeiras dem ausgeschilderten Wanderweg **PR 22 SMI** folgen (1,7 km, ca. 30 Min.).

Ribeira Quente

Östlich der Lagoa das Furnas liegt die **Lagoa Seca** (trockene Lagune). An ihrem Ostrand beginnt ein auch für Vogelbeobachter interessanter, beschilderter Wanderweg (2 Std.) zur Küste nach **Ribeira Quente.** Dort wartet **ein Strand mit vulkanisch erwärmtem Wasser.** Die warmen Quellen sprudeln unter dem Meeresspiegel.

Echt gut!

Der Leuchtturm von Nordeste

Povoação 11

Das Zentrum des Südostens von São Miguel (2500 Einw.) glänzt durch eine von restaurierten Stadthäusern gesäumte Fußgängerzone mit Cafés, Läden und Restaurants. Erste Siedler hatten sich im 15. Jh. hier niedergelassen. Ein Denkmal im Stadtgarten erinnert daran, dass sie zunächst einen Ziegenbock aussetzten. Als dieser nach einigen Tagen noch lebte, verlor die Schiffsbesatzung ihre Furcht und ging an Land.

Das erste Gotteshaus der Insel wurde 1630 durch ein Erdbeben zerstört. An seiner Stelle erhebt sich heute am westlichen Ende der Meerespromenade die **Igreja Nossa Senhora do Rosário** mit einem prächtigen Portal (17. Jh.).

Am Ostrand des Ortes erstreckt sich ein kiesiger Strand. Ins bewaldete Hinterland von Povoaçao bieten sich verschiedene **Wanderungen** an. Auf den Pico da Vara › S. 69 führt die anspruchsvollste Tour; mit Rückweg 8–9 Std.

Info

Centro de Informação
Rua Infante Sagres 49
Tel. 296 559 050
www.cm-povoacao.pt
Infos über Wanderwege, Verkauf von Kunsthandwerk; tgl. 10–17 Uhr.

Hotel

Hotel do Mar
Rua Gonçalo Velho 2
Tel. 296 550 010
www.hoteldomar.com
Komfortzimmer mit Balkon und Meerblick. Beheizter Pool, Jacuzzi. ●●

Restaurant

Jardim
Largo Dom João I 3/5
Tel. 296 585 413
Das einfache aber gute Lokal serviert inseltypische Hausmannskost. ●●

Decima Ilha und Nordeste

Ein offizieller Ortsname ist »Decima Ilha« (»zehnte Insel«) nicht, sondern eine scherzhafte Bezeichnung für die recht abgelegene Ostspitze der Insel. Nördlich von **Água Retorta** 12 stürzen die Berghänge Hunderte von Metern senkrecht in den Atlantik, ständig wechselt das Panorama bei der Fahrt entlang dieser wilden Küste.

Am **Miradouro Ponta da Madrugada** bietet sich ein 180-Grad-Blick wie aus dem Flugzeugcockpit. Eine Schlucht trennt ihn vom

Miradouro da Ponta do Sossego, einer **paradiesischen Anlage** mit Park, Picknickplatz und grandiosem Tiefblick. Nördlich von **Pedreira** führt eine Stichstraße zu einem 4 km entfernten Freizeitpark mit dem **Centro Ambiental do Priolo,** das über den Azorengimpel › S. 37 informiert (www.centropriolo.com; Mai–Sept. Di bis So 10–18, sonst nur Sa, So, Fei 12–17 Uhr, Dez., Jan. geschl.), und weitere 4 km zum **Pico Bartolomeu.** Bei klarem Wetter genießt man vom Gipfel (887 m) einen großartigen Rundblick.

Am südlichen Ortseingang von **Nordeste** 13 (1400 Einw.) blickt man vom **Miradouro da Vista dos Barcos** zum Leuchtturm an der Ponta do Arnel. Das hübsche Ortszentrum liegt an einer Schlucht, über die eine waghalsig errichtete Brücke aus dem 19. Jh. führt. Stoffherstellung ist die Spezialität der Gegend. Exponate dazu präsentiert das **Museu Municipal de Nordeste** bei der Kirche (Mo-Fr 8.30–12.30, 13.30 bis 16.30 Uhr; falls geschl., Infos im Posto de Turismo; Eintritt frei).

Am nördlichen Ortsrand von Nordeste windet sich ein Sträßchen zur weitläufigen Badeanlage **Zona Balnear.** Ins Tal an der Straße nach Lombo da Fazenda lädt der subtropische **Jardim Botânico da Ribeira do Guilherme** ein.

Info

Posto de Turismo
Rua D. Maria do Rosário 11
Tel. 296 480 066
www.cmnordeste.pt
Infos über Wanderwege, z.B. zum Pico da Vara; Mo–Fr 9–12, 13–16.30 Uhr.

Hotels

Estalagem dos Clérigos
Rua dos Clérigos 1
Tel. 296 480 100
www.bensaude.pt
Modernes, ansprechend dekoriertes Vier-Sterne-Landhotel mit wunderbarem Meerblick und Pool. ●●●

Quinta das Queimadas
ca. 4 km von Nordeste
Tel. 296 488 578
www.quintadasqueimadas.com
Einzeln gelegener Landsitz aus dem 19. Jh. an der Straße zum Pico Bartolomeu. Bungalows und Zimmer. ●–●●

Restaurant

Tronqueira
Rua da Tronqueira][Tel. 296 488 292
Regionale Küche; Garten mit Meerblick. Tgl. geöffnet. ●

Ausflug zum Pico da Vara

Von **Algarvia**, ca. 3 km westlich von Nordeste, führt der Wanderweg **PR 7** zum **Pico da Vara** – mit 1103 m höchster Gipfel von São Miguel (hin/zurück 5 Std.). Nur hier findet der *priolo,* der Azorengimpel › S. 37, noch ausreichend Knospen und Samen, sodass er auch brütet. Daher darf der Berg nur mit Genehmigung bestiegen werden (erhältlich beim Serviço Florestal in Ponta Delgada, Rua do Contador 23, Tel. 296 286 288, sfpd@drrf.raa.pt).

Die Teeplantagen von Gorreana

Zwischen Achada und Porto Formoso

Drei alte Getreidemühlen an der Landstraße bei **Achada,** die mit dem Wasser der **Ribeira dos Caldeirões** arbeiteten, wurden in einen idyllischen Park mit Goldfischteich, Kaskade, Baumfarnen und Café einbezogen. Weiter westlich fällt vom **Miradouro do Salto da Farinha** der Blick auf einen weiteren Wasserfall und auf die dicht mit Vegetation überwucherte Steilküste.

Vom Wasserreichtum der Gegend profitieren auch die beiden letzten Teeplantagen Europas bei **Porto Formoso,** deren ehrwürdige Fabrikgebäude sich inmitten grüner Teesträucher erheben.

3 Seit 1883 produziert ***Chá Gorreana** 14 jedes Jahr 35 bis 40 t grünen und schwarzen Tee mit uralten Maschinen aus England – chemiefrei. Gepflückt wird April–Sept. (www.gorreanatea.com, tgl. 10–17 Uhr).

Unweit westlich wurde die kleinere Firma **Chá Porto Formoso** nach zehnjähriger Pause wieder zum Leben erweckt. Ein Video informiert über die Produktion, anschließend wird man durch die Fabrik geführt und darf Tee probieren (www.chaportoformoso.com, Mo–Sa 9–18, Okt.–März bis 17 Uhr).

Hotel

Solar de Lalém
Maia][Estr. de São Pedro
Tel. 296 442 004
www.solardelalem.com
Nostalgie und antikes Mobiliar im Adelssitz von 1687, rundum idyllische Landschaft, deutsche Leitung. ●●

Echt gut

Ribeira Grande 15

Die zweitgrößte Stadt von São Miguel (ca. 10 000 Einw., Gesamtgemeinde 32 000 Einw.) besitzt viel Charme. Der namengebende Fluss mit Wassermühlen wurde in den **Jardim Público,** eine zentrale öffentliche Parkanlage, einbezogen. Rundum gruppieren sich Rathaus, Theater und die barocke Heiliggeistkirche. In der alten Fischmarkthalle dokumentiert das **Museu da Emigração Açoriana** die Auswanderung nach Amerika (Mo–Fr 8.30–12.30, 13.30–16.30 Uhr; Eintritt 1 €).

Ribeira Seca, der westlich angrenzende Nachbarort besitzt mit dem **Fontenário** eine Sehenswürdigkeit. Aus diesem Brunnen nahe der Kirche schöpften die frühen Siedler Wasser – bis zum Ausbruch des Vulkans Queimado 1563, dessen Lavastrom den Fontenário unter sich begrub.

Info

Posto de Turismo
Busbahnhof][Tel. 296 474 332
www.cm-ribeiragrande.pt
Mo–Fr 8.30–12.30, 13.30–16.30 Uhr.

Hotel

Encosta do Mar
Rua Antero de Quental
Tel. 296 470 610
www.encostadomar.com
Modernes Haus in ruhiger Villengegend am Stadtrand. 18 freundliche Apartments für bis zu 5 Personen. ●●

Restaurant

Alabote
Largo East Providence 68
Tel. 296 473 516][www.alabote.net
Nahe dem Schwimmbad. Der Schmortopf mit Wrackbarsch *(cataplana de cherne)* ist superb. Tgl. 12–2 Uhr. ●●

Shopping

Fábrica de Licores Mulher de Capote
Rua do Berquó 12][Tel. 296 472 831
http://mulherdecapote.pt
Prämiert ist der Maracuja-Likör, den man bei einer Fabrikführung probieren und in dekorativen Flaschen erwerben kann. Mo–Sa 9–12, 13–18 Uhr.

Ausflüge ab Ribeira Grande

Caldeiras da Ribeira Grande

Über **Ribeirinha** führt ein Abstecher in den nostalgischen Kurort **Caldeiras**. In dem Thermalbadehaus von 1811 kann man auf Anfrage heiße Wannenbäder nehmen › S. 25. Oder man belässt es beim Blick in das kochend heiße, dampfend-schwefelige Vulkanwasser, das im Steinbecken nebenan aufgefangen wird.

Restaurant

Caldeiras
Beim Kurhaus][Tel. 296 474 307
Spezialität des großzügig gestylten, modernen Restaurants ist der **in Erdwärme gegarte Cozido,** den man vorbestellen muss. Mo geschl. ●

Echt gut!

Pico Barrosa

Von Ribeira Grande führt eine gute Straße nach Süden zum Aussichtsberg Pico Barrosa (947 m). Man passiert ein geothermisches Kraftwerk, aus dessen Rohren Dampf zischt. Ein kurzer Abstecher (5 km ab Ribeira Grande) führt zur **Caldeira Velha**. Heißes Wasser füllt mitten im Wald ein gemauertes Badebecken › S. 25. Die als Monumento Natural Regional (regionales Naturdenkmal) unter Schutz gestellte Anlage wirkt wie ein Park mit gefassten Fumarolen, einem Picknickplatz und Infotafel zur Geologie und zu der hier noch gut erhaltenen natürlichen Flora der Azoren.

1563 entstand der Vulkankrater, den heute die tintenblaue ***Lagoa do Fogo** ausfüllt, zu sehen vom Parkplatz am Kraterrand. Die Aussicht auf Meer und Kratersee zugleich ermöglicht der Gipfel des Pico Barrosa.

Rabo de Peixe 16

Mit 7500 Einwohnern ist Rabo de Peixe (»Fischschwanz«) einer der größeren Orte auf São Miguel, wirkt aber kaum städtisch. Vielmehr handelt es sich um ein Fischerdorf, das zwar den größten Fischereihafen der Azoren und eine Tunfisch verarbeitende Fabrik besitzt, wo aber der Wohlstand in inselweiten Vergleich eher gering ist. Umso erstaunlicher, dass sich rings um Rabo de Peixe ein Gürtel von Villenvierteln erstreckt, angefangen bei Santana im Osten bis hin nach Pico da Pedra bei Fenais da Luz. Herrschaftliche Anwesen verstecken sich in weitläufigen Parkanlagen, und bei **Pico da Pedra** befindet sich einer der beiden Golfplätze von São Miguel › S. 22.

Hotel

Quinta de Santana
Canada da Meca][Tel. 296 491 241
www.qsantana.com
Stilvolles Landhaus: mit großem Obstgarten, Restaurant, Pool, Reitgelegenheit. Zimmer und Apartments. ●●

Echt gut

Restaurant

O Pescador
Rua do Biscoito 1 (nahe Tunfischfabrik am östlichen Ortsrand)
Tel. 296 492 011
In mexikanischem Dekor wird superfrischer Fisch serviert. So geschl. ●

Unterwegs auf Santa Maria

Vila do Porto 1

Der Hauptort von Santa Maria (3000 Einw.) liegt auf einem schmalen, vom Hafen landeinwärts ansteigenden Bergrücken. Kirchen, Restaurants, Läden und Büros reihen sich entlang der Hauptstraße. Abends werden die Gehsteige, die mit Muschel-, Delfin- und Karavellenornamenten gepflastert sind, zur Flaniermeile. Oberhalb des Hafens wacht seit dem 17. Jh. die Festung **Forte São Brás.** Auf das 15./16. Jh. geht die Stadtkirche **Nossa Senhora da Assunção** im unteren, stillen Teil der Stadt zurück, die an ihren Portalen Dekor im gotischen und Emanuelstil bewahrt hat. Weiter oben im lebhafteren Stadtzentrum steht der **Convento de São Francisco,** das ehemalige Franziskanerkloster mit Torturm und Kreuzgang, wo heute das Rathaus untergebracht ist. Vergoldete Schnitzereien und Fliesen (17. Jh.) machen die angrenzende Franziskanerkirche **Igreja de Nossa Senhora da Vitória** sehenswert.

Hotels

Hotel Santa Maria

Rua da Horta][Tel. 296 820 660
www.hotelsanta-maria.com
In Flughafennähe, aber mit Pool, Tennisplatz und Restaurant. ●●

Hotel Praia de Lobos

Rua M. Assunção][Tel. 296 882 286
www.hotelpraiadelobos.com
Geschmackvoller Neubau im azorianischen Stil mit großen, komfortablen Zimmern. Ruhige Lage, Restaurant im Haus. ●●

Casa de Hóspedes Travassos

Rua Dr. Luís Bettencourt 108
Tel. 296 882 831
Mitten im Ort gelegen; fünf einfache Zimmer mit Etagen-WC. ●

Restaurants

Os Marienses

Rua do Cotovelo][Tel. 296 882 478
Gepflegtes Lokal; Spezialität ist *cataplana* mit Meeresfrüchten. ●●

Central Pub

Rua Dr. Luís Bettencourt 20
Tel. 296 882 513
Zentraler Treff mit Biergartenflair; internationale Gerichte wie Pizza, Pasta oder *chili con carne*. Tgl. ab 17 Uhr. ●

Nightlife

Docas Bar

im Fährterminal des Hafens
Tel. 296 884 800
Schicke Bar; der Hotspot des Nachtlebens von Vila do Porto.

Highlights von Santa Maria Vila do Porto › Praia Formosa › Pico Alto › Maia › São Lourenço › Santa Barbara › Anjos › São Pedro › Vila do Porto

Der Norden von Santa Maria

Auf der kleinen Küstenebene von **Anjos** 2, 8 km nördlich von Vila do Porto, ging einst Kolumbus an Land, woran ein Bronzedenkmal erinnert. Gegenüber stehen ein Torbogen und Mauerwerk der **Ermida N. S. dos Anjos** aus der Zeit des Entdeckers. Daneben wurde 1883 zum 400. Jahrestag des prominenten Besuchs ein Nachbau errichtet. Am Hafen von Anjos lädt eine hübsche Badeanlage zum Verweilen ein, eine Bar offeriert Snacks.

Eine Ringstraße (ER 2-2a, ER 1-2a) ermöglich es, den zentralen Inselrücken per Auto in einem halben Tag zu umrunden. In **São Pedro** 3 wartet die gleichnamige schmucke Kirche aus dem 18. Jh. mit fein gemalten Azulejo-Bildern auf. Sie wurden von verschiedenen Familien gestiftet und stellen die 14 Kreuzwegstationen dar. Im Norden der Insel thront auf einem Hügel die Wallfahrtskirche **Ermida Nossa Senhora de Fátima** 4. Fünfzehnmal elf Stufen – für jede Perle des Rosenkranzes eine – sind zu überwinden, um durch ihre Fenster zu schauen oder die herrliche Aussicht genießen zu können.

Mitten im Hochland leuchten die weißen Häuser von **Santa Bárbara** 5. Einheitlich blaue Fenster- und Türstöcke geben dem Ort eine heitere Note, die durch die pfiffigen runden Kamine auf den Dächern noch unterstrichen wird. Auch die Kirche aus dem 16. Jh. gibt sich mit rosafarbenen und hellblauen Seitenaltären farbenfroh.

Auf der Rückfahrt nach Vila do Porto lohnt ein Abstecher zum höchsten Berg der Insel, dem **Pico Alto** (587 m). Vom Cruz dos Picos, der Straßengabelung südlich des Gipfels, führt eine schmale, 2 km lange Stichstraße hinauf. Die letzten Meter müssen zu Fuß zurückgelegt werden (ausgeschildert). Oben eröffnet sich ein großartiger Panoramablick über die gesamte Insel.

Restaurant

Rosa Alta
São Pedro
Tel. 296 884 990
Feine Küche, am Wochenende Spezialitäten von Santa Maria. Mo geschl. ●●

4 *Praia Formosa 6

Kurz vor dem Ort, von Vila do Porto kommend, zeigt der **Miradouro da Macela,** was ein richtiger Aussichtspunkt ist. Tief unten zwischen sattem Grün liegen wie hingeworfen ein paar Häuser. Terrassen klettern die Hänge hinauf. Im Winter kann der Atlantik schon einmal gegen die Promenade donnern. Doch im Sommer, bei ruhigerer See, bildet sich ein breiter, attraktiver Strand mit feinkörnigem Sand – ideal zur Entspannung auch für die Gäste des internationalen Musikfestivals Maré de Agosto › S. 42.

Echt gu

Hotel

Mar e Sol
Tel. 296 884 499
Kleines Drei-Sterne-Apartmenthaus direkt am Strand; alle zehn Wohneinheiten haben zwei Etagen und Meerblick. Nur Juni–Sept. ●

Restaurants

A Candeia
Praia Formosa][Tel. 296 884 804
ht gut!
Gutes Fischrestaurant in einem hübschen Dorfhaus, oben mit Terrasse. Köstlich der Meeresfrüchtereis. So abends geschl. ●●

O Paquete
Praia Formosa][Tel. 296 886 015
Szeniges Strandrestaurant mit luftiger Terrasse, die Architektur erinnert an ein Schiff. Es gibt internationale Gerichte, beispielsweise Pizza. Tgl. geöffnet, am Wochenende bis in die Morgenstunden. ●

Der Osten von Santa Maria

In einer schön geschwungenen Bucht an der Ostküste liegt **São Lourenço** 7. Wie in einem großen Amphitheater ziehen sich Weinterrassen zwischen den wenigen Häusern hinunter bis an den Strand. Die Uferzone erlitt in den vergangenen Wintern schwere Schäden und war bei Redaktionsschluss eine riesige Baustelle. Oberhalb, an der Straße nach Santo Espírito, bietet der **Miradouro do Espigão** den besten Überblick über die Baía do São Lourenço.

In **Santo Espírito** 8, einem inseltypischen Dorf mit Windmühlen und barocker Pfarrkirche, informiert das **Museu de Santa Maria** über den Abbau von Ton, der früher auf andere Inseln exportiert wurde, sowie über die Heiliggeistfeste › S. 42 und die Verarbeitung von Leinen und Flachs (Di–Fr 9.30–12, 14 bis 17 Uhr; Eintritt 2 €, wenn geschlossen, im Rathaus fragen).

Auf der Weiterfahrt zur Südostspitze von Santa Maria ist jeder Meter der Straße ein Aussichtspunkt, und aus 250 m Höhe über dem Meer gewinnt der malerische Ort ***Maia** 9 mit Weinbergen, Naturschwimmbecken und einem Leuchtturm Spielzeugformat.

Restaurant

O Grota
Maia][Tel. 296 884 184
Strandlokal, wo im Sommer immer etwas los ist. Fischgerichte ohne Schnörkel. Mo geschl. ●

Weinterrassen bei Maia

Terceira und Graciosa

Nicht verpassen!

- Ganz viele bunte Heiliggeisttempel fotografieren
- In geheimnisvolle Vulkanschlote eindringen, z.B. den Algar do Carvão auf Terceira oder die Furna da Enxofre auf Graciosa
- Ein Picknick am romantischen Bergsee Lagoa da Falcã
- Den schweren Aperitifwein in Biscoitos oder auf Graciosa genießen

Zur Orientierung

Auf **Terceira** wird in den Sommermonaten oft und kräftig gefeiert. Bei den Heiliggeistfesten steht Stiertreiben durch die Dörfer auf dem Programm. Kulturell Interessierte kommen in der Hauptstadt **Angra do Heroísmo** auf ihre Kosten, einem UNESCO-Welterbe. Highlights für Naturbegeisterte stehen in Form von Vulkanhöhlen und -schlunden, Fumarolen und Kraterseen bereit. Gebadet wird auf Terceira am langen Sandstrand von **Praia da Vitória** oder in natürlichen Brandungspools, speziell in **Biscoitos**. Dieser Fischer- und Weinbauernort eignet sich auch als Standort und lädt zum Reiten und Golfen ein. Praia da Vitória ist Durchgangsstation für Reisende, die per Fährschiff ankommen. Das schönere Ambiente sowie gute Hotels und Pensionen bietet Angra.

Das kleinere **Graciosa** wird meist zusammen mit Terceira besucht. Entweder genießt man ein paar Tage den winzigen Kurort **Carapacho** oder man wohnt im hübschen Hauptort **Santa Cruz** und unternimmt von dort aus einen Tagesausflug in die Vulkanlandschaft, die ebenso wie Terceira Schlote, Kraterkessel und Fumarolen zu bieten hat. Graciosa wurde 2007 von der UNESCO in die Liste der Biosphärenreservate aufgenommen.

Altstadt von Angra do Heroísmo

Touren in der Region

Zwei-Insel-Tour

(8) Angra do Heroísmo › São Mateus da Calheta › Ponta do Queimado › Biscoitos › Furnas do Enxofre › Porto Judeu › São Sebastião › Praia da Vitória › Santa Cruz da Graciosa › Caldeirinha › Carapacho › Furna do Enxofre › Praia

Länge: 1 Woche; auf Terceira 112 km, auf Graciosa 31 km; Fährüberfahrt nach/von Graciosa pro Strecke 3,5 Std.
Verkehrsmittel: Auf Terceira mit Mietwagen, auf Graciosa mit dem Taxi. Beachten Sie bei der Reiseplanung den Fahrplan der Autofähre Praia da Vitória (Terceira) – Graciosa › S. 19.

In *** **Angra do Heroísmo** › S. 81 auf Terceira sollten Sie die Tour mit einer Stadtbesichtigung, Shopping und Einkehr im Café beginnen. Später bietet sich ein Spaziergang auf den dschungelartig überwucherten Aussichtsberg **Monte Brasil** › S. 85 an. Angra bleibt Ihr Standort für zwei Nächte. Am zweiten Tag geht es auf der Küstenstraße ER 1-1 in den Inselwesten. Schon nach wenigen Kilometern können Sie in **São Mateus**

da Calheta › S. 90 Fischerhafenatmosphäre schnuppern. Kurz hinter Serreta stehen dann Abstecher in das Waldgebiet **Mata da Serreta** › S. 90 und zum Leuchtturm an der **Ponta do Queimado** auf dem Programm. Weiter geht die Fahrt nach ***Biscoitos** › S. 88, um sich in den beeindruckenden Lavapools ins kühle Nass zu wagen, am kleinen Hafen frische Meeresfrüchte zu genießen und das **Museu do Vinho** zu besuchen.

Nun führt die Route nach Süden ins zentrale Hochland der Insel. Hier beeindrucken die Fumarolen ***Furnas do Enxofre** › S. 86 und der Vulkanschlot ***Algar do Carvão**. Abends kehren Sie nach Angra zurück. Am dritten Tag können Sie in aller Ruhe den lieblichen Küstenort **Porto Judeu** › S. 86 und die geschichtsträchtige Siedlung ***São Sebastião** erkunden und erreichen gegen Mittag **Praia da Vitória** › S. 88. Dort baden Sie am längsten Sandstrand der Insel und lunchen mit Meerblick. Am Nachmittag, wenn die Sonne weit im Westen steht, lohnt ein Abstecher ins Inselinnere zur ***Serra do Cume** › S. 88. Sie übernachten in Praia da Vitória.

Von dort geht es am vierten Tag per Autofähre zur Nachbarinsel *****Graciosa**. Am schönsten wohnen Sie in der Hauptstadt **Santa Cruz da Graciosa** › S. 92, dem Ausgangspunkt der Inselrundfahrt, die Sie am fünften Tag unternehmen. Diese führt zunächst zur **Caldeirinha** › S. 93, einem Vulkan in der Serra Branca. Im idyllischen Badeort **Carapacho** › S. 94 haben Sie die Wahl zwischen dem Strand und der von einer heißen Quelle gespeisten Therme. Die ***Furna do Enxofre** › S. 94 ist ein rätselhaften Vulkanschlot mit Fumarolen und unterirdischem See.

Auf dem Rückweg nach Santa Cruz bietet sich ein Halt in **Praia** › S. 93 an, um die berühmten Queijadas (Käsekuchen) als Mitbringsel zu erwerben. Schließlich geht es per Fähre wieder nach Terceira.

8 **Zwei-Insel-Tour** **Angra do Heroísmo › São Mateus da Calheta › Ponta do Queimado › Biscoitos › Furnas do Enxofre › Porto Judeu › São**

Terceiras bunteste Heiliggeisttempel

9 Angra do Heroísmo › Porto Judeu › São Sebastião › Biscoitos › Altares › Santa Bárbara › São Bartolomeu

Länge: 1 Tag; 82 km
Verkehrsmittel: Mietwagen.

Für Fotofreaks ist diese Rundfahrt durch die liebliche Küstenlandschaft Terceiras ein »Muss«. Von *****Angra do Heroísmo** › S. 81 fährt man ostwärts nach **Porto Judeu** › S. 86 und ***São Sebastião** › S. 86, wo die schönsten Heiliggeisttempel des Südostens stehen. Anschließend geht es quer über die Insel, am Golfplatz von Queimadas vorbei und durch den netten Ort Agualva zur Nordküste. Dort bietet sich ***Biscoitos** › S. 88 für eine Mittags- und Badepause an, bevor im Inselwesten die nächsten attraktiven Heiliggeisttempel auf dem Programm stehen: in **Altares** › S. 90, **Santa**

Sebastião › Praia da Vitória › (Karte S. 92) Santa Cruz da Graciosa › Caldeirinha › Carapacho › Furna do Enxofre › Praia

9 Terceiras bunteste Heiliggeisttempel Angra do Heroísmo › Porto Judeu › São Sebastião › Biscoitos › Altares › Santa Bárbara › São Bartolomeu

Bárbara › S. 90 und **São Bartolomeu** › S. 91. Wer nun neugierig geworden ist, wird auch in Angra do Heroísmo fündig: Der blauweiße Império dos Inocentes da Guarita in der Rua da Guarita wurde 1901 zum Besuch von König Carlos I. auf den Azoren eingeweiht. Nicht weit vom Alto da Memória steht der wohl älteste Heiliggeisttempel Terceiras (von 1670) mit Barockfassade.

Verkehrsmittel

- **Flughafen:** In Terceira (TER) liegt er bei Lajes im Nordosten der Insel, 3 km von Praia da Vitória und 17 km von Angra entfernt (Bus nach Praia alle 1 bis 2 Std., dort umsteigen nach Angra; ab Flughafen außerdem Bus nach Biscoitos 3–6 x tgl.). Auf Graciosa (GRW) liegt der Flughafen 1,5 km westlich der Hauptstadt Santa Cruz (keine Busanbindung, Taxi ca. 5 €). Die SATA fliegt 1–2 x tgl. zwischen den beiden Inseln hin und her, von Graciosa außerdem 1–2 x tgl. nach Ponta Delgada (São Miguel). Terceira ist mit allen Azoreninseln regelmäßig verbunden.
- **Schiffsverbindungen:** Von Praia da Vitória verkehren Autofähren der Atlântico Line Mitte Mai–Ende Sept. nach Graciosa 1–4 x pro Woche (direkt), auf die anderen Inseln 1–2 x pro Woche (nach Flores nur ab Mitte Juni). Auf Graciosa geht es von Praia mit Atlântico Line z.T. auf andere Inseln weiter.
- **Busse:** Terceira: Von Angra nach Praia da Vitória Mo–Sa ca. stdl., So 6 x; von Angra nach Biscoitos 2–6 x tgl. über die Küstenstraße ER 1-1 und 1 x tgl. über die Bergstraße ER 3-1; von Praia nach Biscoitos 3–6 x tgl.; von Angra nach Porto Judeu 3–5 x tgl.

  Graciosa: Ab Santa Cruz werden zwei Rundkurse befahren, die alle wichtigen Orte berühren (Mo–Fr mehrmals tgl., Sa eingeschränkt, So keine Busse).

Wichtige Adressen

Offizielle Infobüros:

- **Delegação de Turismo**
9700-066 Angra do Heroísmo, Rua Direita 74, Tel. 295 213 393, Mo–Fr 9–17.30, Sa 10–13 Uhr.
- **Posto de Turismo**
9880-377 Santa Cruz da Graciosa, Rua Castilho 7,
Tel. 295 712 509,
Mo–Fr 9–12.30, 14–17 Uhr.

Büros der Fluggesellschaft SATA:

- **Angra do Heroísmo**
Rua da Esperança 2,
Tel. 295 212 013,
am Flughafen: Tel. 295 540 047.
- **Santa Cruz da Graciosa**
Rua Dr. João de Deus Vieira 1,
Tel. 295 730 160.

Büro der Fluggesellschaft TAP:

- **Angra do Heroísmo**
Rua da Sé 144,
Tel. 707 213 141 (Information),
Tel. 707 205 700 (Reservierung).

Unterwegs auf Terceira

5 ***Angra do Heroísmo 1

Jahrhundertelang war Angra mit seinem geschützten Naturhafen als Zwischenstation auf der Fahrt über den Atlantik das wichtigste Zentrum der Azoren. Als Wegbereiter für das heutige Stadtbild erwies sich 1614 ein Erdbeben: Beim Wiederaufbau erhielt Angra einen geometrischen Grundriss im Stil der Renaissance. Stolze Kirchen und repräsentative Bürgerhäuser zeugen vom Wohlstand vergangener Zeiten. Zwar legte ein Erdbeben am Neujahrstag 1980 die ganze Pracht in Schutt und Asche. Doch mit enormem Einsatzwillen bauten die rund 18 000 Einwohner ihre Stadt im alten Stil wieder auf. Die UNESCO half dabei finanziell und erklärte Angra zum Welterbe der Menschheit. Rund zwei Stunden sollte man für einen Rundgang veranschlagen.

Auf der **Praça Velha** (offiziell Praça da Restauração) ist immer etwas los. Vom Straßencafé auf dem Platz beobachten Einheimische wie Touristen das Kommen und Gehen im Rathaus, dem **Paços do Concelho** Ⓐ. Nur wenige Meter weiter, im **Jardim Duque da Terceira**, erheben sich Palmen über Kakteen und Rosen. Niedrige Lavasteinmauern säumen die Treppen hinauf zum **Alto da Memória** Ⓑ. Ein **Obelisk mit herrlichem Rundblick über Stadt** und Insel ehrt dort König Pedro IV., der 1831 von Terceira aus seine Ansprüche auf den portugiesischen Thron gegen seinen Bruder Miguel durchsetzte. Seine Tochter Maria II. verlieh Angra deshalb den Beinamen *do Heroísmo* (»die Heldenhafte«).

Echt gut!

Im ehemaligen Franziskanerkloster, in dessen Vorgängerbau Vasco da Gama seinen Bruder Paulo begrub, ist heute der Hauptsitz des **Museu de Angra do He-**

Touradas

Fast jede Gemeinde richtet in der Saison (1. Mai bis 15. Oktober) traditionell eine *tourada à corda* aus. Dieses unblutige Stiertreiben geht mindestens auf das 16. Jh. zurück. Einige Männer halten den Stier an einem langen Seil. Andere Tollkühne warten in Straßen und Gassen, in denen Fenster und Türen mit Brettern verbarrikadiert sind, mit Handtüchern und Regenschirmen ausgerüstet auf den Stier. Es gilt, dem Publikum kunstvolle *passes* (Figuren) zu zeigen. Normalerweise wird der Stier dabei nicht verletzt. Tierschützer haben daher bislang noch nicht protestiert. Die Tiere kommen nach der Tourada wieder auf die Weide und treten vielleicht schon eine Woche später beim nächsten Dorffest auf.

Der Jardim Duque da Terceira lädt zum Verweilen unter Palmen

roísmo C. In wechselnden Ausstellungen werden Exponate aus dem umfangreichen Bestand gezeigt. Dem Museum sind weitere, über die Stadt verteilte Gebäude mit verschiedenen Ausstellungen angeschlossen (http://museu-angra.azores.gov.pt, Di–Fr 9.30 bis 17, Sa, So 14–17 Uhr; Eintritt 2 €).

1533 wurde die **Igreja Nossa Senhora da Conceição** D errichtet. Besondere Stimmung erfüllt den schlichten Raum unter der hölzernen Kassettendecke, wenn sonntags feierliche Messgesänge erklingen (Mo–Sa 9.30–19, So 9 bis 15 Uhr).

An den Klippen beim Frachthafen **Porto das Pipas** ragt das mächtige **Monumento da Costa** E auf. Seine modernen Lavasteinreliefs erzählen die Geschichte Terceiras. Nebenan am alten Zollkai in der **Igreja da Misericórdia** F nahm 1492 das erste Krankenhaus der Azoren seinen Betrieb auf (tagsüber meist geöffnet). Bevor man sich einen Kaffee auf dem Platz davor gönnt, sollte man einmal um die **wunderschöne Alfândega** (Zollhaus) von 1853 herumlaufen. Restaurant und Bar in der **Marina** mit Aussichtsterrasse und gelegentlicher Livemusik sind ein Anziehungspunkt von Angra. Am Westrand der Bucht bietet der promenadenartige **Jardim dos Corte-Reais** einen wunderbaren Ausblick.

Echt gu

Angras Prachtstraße, die belebte **Rua Direita,** glänzt mit guten Geschäften und Souvenirläden. Die Nummern 111–121 markieren das wohl schönste Haus der Stadt, die **Casa do Conde Vila Flor** G. Hier lebte António de Noronha, Graf von Terceira. Er befehligte die liberalen Truppen, die 1829 Praia da Vitória verteidigten › S. 88. Die Casa bewahrt ihren altertümlichen Charme im Erdgeschoss in der Farmácia da

Karte Seite 83

Lisboa, einer nostalgischen Apotheke, und der Loja dos Linhos, die Tücher und Kleidung verkauft.

Das ehemalige Jesuitenkolleg ließ der erste Generalkapitän der Azoren 1776 zum **Palácio dos Capitães Generais** H umbauen. Die portugiesischen Könige Pedro IV. und Carlos I. nutzten das reich ausgestattete Gebäude 1831 bzw. 1901 als Residenz (unregelmäßig geöffnet, meist Mo–Fr 10 bis 12, 15–17 Uhr; Eintritt frei).

Glockentürme mit blau-weißen Spitzen sind der Blickfang der imposanten **Sé Catedral** I (auch: Igreja do Santíssimo Salvador). Neben dem Eingang der Kathedrale erinnert ein Denkmal an den Besuch von Papst Johannes Paul II. im Jahr 1991. Im Inneren sehenswert sind die Verkleidung des linken Seitenaltars aus gehämmertem Silber sowie das indo-portugiesische Notenpult aus Palisanderholz; beide 17. Jh. (Mo–Sa 8–18, So 8–12, 18–20 Uhr).

Südlich der Sé verbirgt sich der **Palácio dos Bettencourt** J. Über dem Portal prangt das Wappen der Familie Bettencourt. Im 15. Jh. stellte sie die Gouverneure der Kanaren. Heute beherbergt das Herrenhaus Stadtarchiv und Bibliothek. Die Azulejos der Eingangshalle halten Geschichtsszenen fest (Okt.–Juni Mo–Fr 9 bis 19, Sa, So 9.30–12, Juli–Sept. Mo–Fr 9–17 Uhr, Sa, So geschl.).

A Paços do Concelho
B Alto da Memória
C Museu de Angra do Heroísmo
D Igreja Nossa Senhora da Conceição
E Monumento da Costa
F Igreja da Misericórdia
G Casa do Conde Vila Flor
H Palácio dos Capitães Generais
I Sé Catedral
J Palácio dos Bettencourt

Westwärts führt die Rua de São Pedro aus der Stadt hinaus. Sie erschließt das Touristenviertel von Angra mit zwei modernen Großhotels und der Felsbadeanlage am **Cais da Silveira.**

Info

Website der Stadt: **www.cm-ah.pt**

Hotels

Pousada de Angra do Heroísmo

Castelo de São Sebastião
Tel. 295 403 560
www.pousadas.pt
Edel wohnen im historischen Gemäuer: Die alte Hafenfestung wurde zu einem komfortablen Hotel in bevorzugter Lage umgebaut. Wiedereröffnung im Januar 2013 nach Renovierung. ●●●

Terceira Mar Hotel

Portões de São Pedro 1
Tel. 295 402 280
www.bensaude.pt
Modernes Komforthotel am Meer am Westrand der Stadt. ●●●

Abends am Largo Prior do Crato

Angra Garden Hotel

Praça da Restauração
Tel. 295 206 600
www.investacor.com
Klassiker in zentraler Lage. Die Zimmer liegen nach hinten mit Blick über den Jardim Duque de Terceira. ●●●

Quinta da Nasce-Água

Vinha Brava][**Tel. 295 628 500**
www.quintadanasce-agua.com
Herrensitz aus dem 19. Jh. mit 16 Zimmern und einem wunderschönen Park, 3 km außerhalb der Stadt. ●●●

Hotel Beira Mar

Largo Miguel Corte Real 1–5
Tel. 295 215 188
www.hotelbeiramar.com
Inseltypischer Barockpalast am Meer mit schmiedeeisernen Balkonen. Siehe auch Restaurants. ●●

Quinta da Dotty

Caminho do Meio 10
Tel. 295 331 505
www.quintadadottyterceira.eu
Kleines Haus auf dem Gelände einer Quinta, nahe Badebucht Silveira. ●

Residencial A Ilha

Rua Direita 24][**Tel. 295 628 180**
Schönes Stadthaus, in der Belle Étage Balkon zur Fußgängerzone. Einfache, aber hübsche Zimmer. ●

Restaurants

Ambientes com Sabores

Rua Direita 80][**Tel. 295 216 517**
www.ambientescomsabores.com
Spitzenrestaurant mit kreativer Küche, alles wird frisch und von Hand zubereitet. ●●●

Beira Mar

Largo Miguel Corte Real
Tel. 295 215 188

Im gleichnamigen Hotel; edel – Küche wie Speisesaal, Terrasse zum Meer. ●●

■ **Casa do Peixe**
Estrada Gaspar Corte Real 30
Tel. 295 217 678
Über dem Hafen, mit Panoramafenstern; **Spezialität Fisch im Dachziegel.** Di geschl. ●●

cht gut!

■ **O Pátio**
Largo Prior do Crato 5–7
Tel. 295 214 244
Besonders zu empfehlen ist hier *cherne* (Wrackbarsch). So geschl. ●●

Shopping

Açorbordados
Rua da Rocha 50
www.acorbordados.com
Verkaufsausstellung mit feinen Stickereiarbeiten von Terceira.

Ausflüge ab Angra

Monte Brasil

Den schönsten Blick über Angra do Heroísmo garantiert der 205 m hohe Monte Brasil. Der Fußweg hinauf (hin/zurück ca. 2 Std., nur von Sonnenauf- bis Sonnenuntergang zugänglich) führt an der **Fortaleza de São João Baptista** vorbei (tgl. 9.30–12.30, 14 bis 18 Uhr; Eintritt frei). Das Fort entstand während der spanischen Fremdherrschaft Ende des 16. Jhs. und ist eine der mächtigsten Bastionen, die die Spanier je bauten. Zusammen mit dem Castelo de São Sebastião auf der anderen Seite der Bucht sicherte das Bollwerk die Seeseite der Stadt. Halten Sie sich an einer Straßengabelung oberhalb der Festung rechts, dann ist der steil aufwärts führende Fußweg ausgeschildert. Auf dem Picknickgelände unterhalb der Bergkuppe wird am Wochenende gegrillt. Rechts geht es zur Aussichtsplattform, wo ein Säulenmonument an die Entdeckung Terceiras im Jahr 1432 erinnert.

*Quinta do Martelo

Wer in dem feinen Restaurant des Landguts einkehrt, hat nach dem Essen Gelegenheit, das Hofgelände zu erkunden. Rund um das Hauptgebäude gruppieren sich gut bestückte volkskundliche Museumsräume und mehrere traditionelle Werkstätten, etwa eine Töpferei *(olaria)*. Auch Dreschplatz, Ställe, Brunnen und Zisternen sowie der *escalão de milho*, ein kegelförmiges Gestell zum Trocknen und Lagern von Maiskolben, sind zu besichtigen. Die Restaurantküche gibt einen Überblick über die traditionellen Speisen Terceiras. Als Couvert werden Maisbrot, Käse, Oliven und dicke Bohnen aufgetischt. Danach empfiehlt sich *alcatra* und dazu ein *vinho de cheiro* (São Francisco das Almas, ca. 5 km westlich von Angra, Tel. 295 642 842, Do–Di 12–15, 17.30–22 Uhr, Mi geschl., ●●–●●●). Infos: www.quintadomartelo.com. Unterkunft › S. 91.

Die Vulkanzone des Inselinneren

Ein Gefühl dafür, wie nahe das aktive Erdinnere ist, vermitteln die Solfataren (Schwefelquellen) ***Furnas do Enxofre**, etwa 10 km nördlich von Angra. Aus Spalten und Ritzen im Boden quellen heiße Schwefeldämpfe. Das Gelände am Ende einer kurzen Stichstraße (Hinweisschild) ist frei zugänglich. Der befestigte Rundweg darf nicht verlassen werden, denn abseits des Pfades drohen kochend heiße Erdlöcher.

6 Nicht weit davon markiert ein Bergsteigermonument die Zufahrt zum ***Algar do Carvão.** Der 100 m tiefe, höhlenartige Vulkanschlot bekam den Namen »Kohlengrube«, weil sein Gestein porös und pechschwarz wie Steinkohle erscheint. Auf dem künstlich illuminierten steilen Treppenabstieg sind bizarre Lava- und Tropfsteinskulpturen zu bestaunen, am Grund wartet ein geheimnisvoller See (Ende März bis Mai und erste Hälfte Okt. tgl. 15 bis 17.30, Juni und Sept. tgl. 14.30–17.45, Juli–Aug. tgl. 14 bis 18 Uhr; Mitte Okt.–Mitte März geschl.; Eintritt 5 €).

Mit 3 km Durchmesser und absolut ebenem Boden erstreckt sich südlich der Verbindungsstraße die heute grüne **Caldeira de Guilherme Moniz,** der älteste erhaltene Einsturzkrater von Terceira.

Die Südostküste

Im Osten von Angra durchquert die Küstenstraße vor Feteira aufgelassene Weinparzellen, ehe man **Porto Judeu** 2 erreicht. Vor dem Ufer ragen die **Ilhéus das Cabras** auf, zwei riesige Lavaklötze eines zerbrochenen Kraters. In Porto Judeu steht an der Hauptstraße im alten Dorfkern ein besonders schöner, überaus bunter Heiliggeisttempel, der **Império do Porto Judeu de Baixo** von 1916.

Echt gut

Wenig weiter östlich, über eine schmale Nebenstrecke entlang des Atlantiks zu erreichen, lädt die **Baía da Salga** mit Meerwasserbecken und Strandbar zu einem Badeaufenthalt ein. Auch ein Campingplatz › S. 27 ist vorhanden.

In der Baía da Salga landeten im Morgengrauen des 25. Juli 1581 mehr als 1000 spanische Soldaten mit zehn Segelschiffen, um den Thronanspruch von König Philipp II. von Spanien auf Terceira durchzusetzen. Mit Geschrei und Musketenschüssen jagten die Einwohner von Salga eine Meute von Stieren auf die Feinde und konnten sie damit in die Flucht schlagen. Zwei Jahre später wurde Terceira dennoch zeitweise dem spanischen Weltreich einverleibt.

Östlich der Bucht schwingt die Küste in zwei Landzungen aus, zwischen denen sich die pittoreske **Baía das Môs** erstreckt. Die Bucht steht unter Naturschutz. Der Wind biegt das Schilf, Möwen kreischen.

In ***São Sebastião** 3 ist die älteste Kirche der Azoren zu besichtigen, Baubeginn war 1455. Wertvolle Fresken im Inneren, die derzeit restauriert werden, zeigen die Heiligen Barbara, Martin und Maria Magdalena neben den winzig dargestellten Stifterfiguren in den Kostümen ihrer Zeit. In provozierender Nähe zur Kirche steht der wohl bekannteste **Império** Terceiras. Er ist fotogen bemalt mit Stillleben, die zeigen, welche Speisen zum Heiliggeistfest serviert werden.

Baden und Picknick – dafür ist **Os Salgueiros** 4 passender Haltepunkt. Turbulent geht es wegen der sehr schönen Lage im Sommer in der Meeresbadeanlage des nahen **Porto Martins** 5 zu, einem richtigen kleinen Ferienort.

Hotel

Residencial Branco II
Porto Martins][Estrada S. Margarida
Tel. 295 516 075
www.residencial-branco.com
Recht neue, schlicht aber gut ausgestattete Pension in einem inseltypischen zweistöckigen Haus, nicht weit vom Meeresschwimmbad. ●

Heiliggeisttempel von São Bartolomeu

Heiliggeisttempel

Im Mittelpunkt der **Festas do Espírito Santo** › S. 42 stehen kleine, bunte, an Kapellen erinnernde Tempel *(impérios).* Als Symbole tragen sie Taube und Krone. Auf Terceira gibt es die meisten, etwa 60, von denen keiner dem anderen gleicht. Gott soll im 13. Jh. der portugiesischen Königin Isabel im Traum befohlen haben, eine Kirche zu Ehren des Heiligen Geistes zu bauen. Am nächsten Morgen machte sie sich mit zwei Steinmetzen auf die Suche nach einem geeigneten Ort. Als sie einen schönen Platz ausgewählt hatten, bemerkten sie, dass die Grundmauern der Kirche bereits standen. Die zwei Handwerker machten sich sofort ans Werk. Erfreut über den Fortschritt der Arbeiten, schenkte die Königin am Abend beiden zum Dank eine Rose. In den Händen der Männer verwandelten sich die Blumen jedoch in Goldmünzen. Bis heute wird Königin Isabel als Wohltäterin der Armen und Kranken verehrt. Sie krönte um 1300 die ersten »Bauernkaiser« *(imperadores),* die während des Heiliggeistfestes Essen für die Armen besorgen mussten. Auf dem Festland hielt sich dieser Brauch nur in wenigen Orten, auf den Azoren jedoch ist er sehr lebendig geblieben. Inzwischen müssen nicht nur die Armen, sondern das ganze Dorf oder der Stadtteil mit Essen und Trinken freigehalten werden, wofür allerdings meist eine Bruderschaft aufkommt.

Restaurant

Boca Negra
Porto Judeu, Largo Santo António
Tel. 295 905 182
Kleines, inseltypisches Lokal. Spezialität: *alcatra de peixe* (Fischschmortopf). Mi geschl. ●●

Praia da Vitória 6

Vom Cabo da Praia reicht der längste Sandstrand der Insel 4 km weit bis zur alten Fischermole von Terceiras zweiter Stadt, Praia da Vitória (7000 Einw.). Hier trug sich 1829 eine große Seeschlacht zu, bei der die Anhänger des liberalen portugiesischen Thronfolgers Pedro IV. den entscheidenden Sieg über die Anhänger seines monarchistisch eingestellten Bruders Miguel errangen. Dieser hatte sich in Lissabon zum König ausrufen lassen, während Pedro als Regent von Brasilien abwesend war. Von Terceira aus organisierte Pedro 1831 die erfolgreiche Besetzung Portugals. Seitdem trägt Praia den Beinamen da Vitória (»die Siegreiche«). Eine Statue der Siegesgöttin auf dem Hauptplatz erinnert daran. Weiter oben thront die 1517 geweihte Igreja Matriz de Santa Cruz. Eine Treppe führt hinauf zum Kirchplatz.

Dank der Nähe zum Insel-Flughafen und der US-Militärbasis in Lajes geht es in Praia genauso lebhaft zu wie in der Hauptstadt Angra. Davon zeugen die quirlige Rua de Jesús und der stets gut besuchte Badestrand.

Hotel

Hotel Teresinha
Praceta Dr. Machado Pires 45
Tel. 295 540 060
www.hotelteresinha.net
Zweckmäßige Zimmer in ruhiger Lage. Der Garten lädt zum Sonnenbaden ein. ●

Restaurant

O Pescador
Rua Constantino J. Cardoso 11
Tel. 295 513 495
Muscheln, Wrackbarsch oder Stockfisch munden aus der *cataplana*, einer riesigen Deckelpfanne. So geschl. ●●●

*Serra do Cume

Der lang gestreckte, leicht gebogene Bergrücken der Serra do Cume (545 m) westlich von Praia gilt als Rest eines einstigen Riesenkraters. Der eher unspektakuläre eigentliche Gipfel kann per Auto umfahren werden. Beeindruckend ist der Blick Richtung Südwesten, in den »Kraterboden«. Das in allen Grüntönen schimmernde Gitternetz der dortigen Felder und Wiesen breitet sich im Hintergrund über sanfte Hänge bis hinab nach Angra aus.

*Biscoitos 7

Unter Weinkennern hat sich der Ort im Norden Terceiras v. a. für seinen **traditionellen honigfarbenen Süßwein** einen Namen gemacht. Die Familie Brum serviert ihn im **Museu do Vinho.** Holzfässer mit dem Saft der auf Lavaboden gereiften Trauben ruhen in

Echt gut

der Adega, die der Großvater 1890 gründete (EN 3-1 Richtung Angra, Tel. 295 908 404; Di–So 10–12, 13 bis 17.30 Uhr, Okt.–März nur Di bis Sa 10–12, 13.30–16 Uhr, 3. Woche im Sept. geschl.; Eintritt frei).

Unten an der Küste, bei der Ponta dos Biscoitos, landen Fischer ihren Fang an. Mit etwas Glück kann man die Versteigerung in der winzigen Fischmarkthalle beobachten.

7 Gleich daneben lockt mit den **Piscinas Naturais** die wohl schönste Felsbadeanlage der Azoren ins kühle Nass. Die Brandung schliff hier große Becken in einen Lavastrom, der sich 1762 ins Meer ergossen und zu bizarren Gebilden aufgetürmt hatte. Man schwimmt im offenen Atlantik und ist durch Felsbarrieren doch vor hohen Brechern geschützt. Es gibt eine Bar, Umkleidekabinen und Duschen › S. 25.

Hotel

Quinta do Rossio
Lugar do Rossio 20][Arrochela
Tel. 295 989 160
www.quintadorossio.com
Familiäres Landhaushotel in idyllisch gelegenem Gutshof 2 km außerhalb. Vier mit Originalmobiliar rustikal eingerichtete Zimmer, Reitgelegenheit. ●

Restaurant

Lava Preta
Caminho do Concelho 139
Tel. 295 989 368
http://lavapreta.ilhaterceira.net
Modernes Lokal bei der Kirche, regionale und italienische Küche. Tgl. ●

Im Museu do Vinho von Biscoitos

Quatro Ribeiras

In dem kleinen Küstenort 4 km östlich von Biscoitos münden vier Flüsse *(quatro ribeiras)* ins Meer. Einen netten Picknick- und Aussichtsplatz gibt es an der **Ponta da Furna,** der Landspitze am Westrand von Quatro Ribeiras (Schild »Miradouro« folgen). Die Felsbadeanlage vor dem Ort ist bis auf Weiteres wegen Umbau geschlossen. Ein Bach trieb hier früher hölzerne Mühlräder an, das Gemäuer der Wassermühle steht noch an Ort und Stelle.

Die Kraterseen des Hochlands

Auf der Straße von Biscoitos nach Angra weist nach ca. 7 km ein Schild den Weg zur kleinen **Lagoa do Negro**, die rund 600 m hoch zwischen grünen, locker mit Wacholdergebüsch bewachsenen Hängen liegt. Hier kann man picknicken und die **Gruta do Natal** (»Weihnachtshöhle«) besichtigen, einen knapp 700 m langen Vulkantunnel, der neben dem See beginnt. In der Grotte wird seit 1969 jedes Weihnachten eine katholische Messe abgehalten. Sogar Taufen und Hochzeiten finden an diesem ungewöhnlichen Ort statt (gleiche Zeiten wie Algar do Carvão › S. 86; Eintritt 5 €, Kombiticket für beide Höhlen bei Besichtigung am selben Tag 8 €).

Echt gut! **Romantisch ist die mit Seerosen zugewachsene Lagoa da Falcã** an der Südostflanke der Serra de Santa Bárbara bei einer kleinen Kapelle. Am Ufer blühen im Sommer Agapanthus und Hortensien. Die mit Tischen und Grillstellen bestückte Umgebung erinnert an einen Zauberwald.

Die Westküste

In **Altares** 8 wurde die Fassade des Heiliggeisttempels nicht bemalt, sondern von oben bis unten mit Fliesen verkleidet. Schräg gegenüber, am Platz vor der Kirche, zeigt der kleine, liebevoll gestaltete **Núcleo Museológico dos Altares** landwirtschaftliches und häusliches Gerät aus früheren Tagen (Eintritt frei).

Östlich des Ortes überragt der flache Aussichtsgipfel **Matias Simão** (153 m) die Felsküste, zu erkennen an einem Kreuz. In einer auffälligen Straßenkurve beginnt der Feldweg, der zu Fuß in einer Viertelstunde zum Berg führt.

Vom **Miradouro do Raminho** an der gleichnamigen Landspitze fällt der Blick die Küste entlang. Ein kurzer Fahrweg führt zu einem ehemaligen Ausguck der Walfänger, einer *vigia*. Dort beginnt ein ausgeschilderter Wanderweg zum Meer hinunter.

Richtung Süden führt die Inselrundstraße ER 1-1 nun durch das Waldgebiet **Mata da Serreta,** das sich am Fuß der Serra de Santa Bárbara erstreckt. Hinter den Bänken des dortigen Picknickplatzes und einem gewaltigen Brunnen sieht man den Zugang zu den Sicheltannen- und Eukalyptuswäldern des Naturparks.

Wer nun lieber per Auto an die Küste fahren möchte, folgt am nördlichen Ortsrand von **Serreta** 9 der Straße zum Leuchtturm an der **Ponta do Queimado**, einem bevorzugten Platz der einheimischen Angler.

Der Ort **Santa Bárbara** 10 lohnt die Fahrt dorthin wegen eines wunderschönen Heiliggeisttempels von 1876. Die Rahmen seiner Fassade, der neugotischen Spitzbögen und der Fensterrosette sind gelb bemalt, ansonsten ist er in schlichtem Weiß gehalten. Auch hier wurde, wie so oft, ein provozierend naher Standort zur katholischen Pfarrkirche gewählt.

São Mateus da Calheta 11

Hier lässt sich noch der Rhythmus eines Fischerdorfs hautnah erleben. Am Hafen werden die Holzboote an Land gezogen, Angelhaken präpariert und Fische

Hafen von São Mateus da Calheta

verkauft, bis die Männer dann nachts wieder aufs Meer hinausfahren.

Im **Núcleo Museológico Casa dos Botes Baleeiros,** einem restaurierten Hafenschuppen, liegen drei bunt herausgeputzte Boote aus der Zeit des Walfangs (tgl. geöffnet, Eintritt frei).

Gegen die Invasion der Spanier wurde unweit westlich am **Porto Negrito** im 16. Jh. die gleichnamige Festung errichtet. Heute belagern Scharen junger Vergnügungssuchender die Kneipen und Liegeplätze rund um das Naturschwimmbecken (Jugendherberge › S. 27).

Im etwas landeinwärts gelegenen Nachbarort **São Bartolomeu** **12** steht seit 1875 einer der schönsten Impérios Terceiras auf dem zentralen Platz gegenüber der Kirche. Der Heiliggeisttempel zeichnet sich durch überreiche Stuckaturen, ein fein ziseliertes schmiedeeisernes Gitter und die kontrastreiche blau-weiß-gelbe Bemalung aus.

Hotel

Quinta do Martelo

São Francisco das Almas
Canada do Martelo 24
Tel. 295 642 842
www.quintadomartelo.com

Der **idyllische Gutshof,** zu dem auch ein Kulturzentrum und ein Restaurant gehören › S. 85, ist von Orangenplantagen und Weinbergen umgeben. Gästezimmer im Landhausstil des 19. Jhs., Frühstück in einer traditionellen Küche mit offener Kochstelle, Kutschfahrten und Ausritte. ●●

Echt gut!

Restaurant

Beira Mar

Porto de São Mateus
Tel. 295 215 188

Den **hervorragenden Fisch** genießt man in einfachem Ambiente mit Blick auf den Hafen. Mo Ruhetag. ●●

Echt gut!

Unterwegs auf ***Graciosa

Santa Cruz da Graciosa 1

In der gemütlichen Inselhauptstadt (1800 Einw.) schließt man an der **Praça Fontes Pereira de Melo** schnell Bekanntschaft mit Einheimischen. Die zwei großen Becken, auf denen nun Enten paddeln, versorgten früher die Bewohner mit Wasser.

Das **Museu da Graciosa** widmet sich in einem spekakulären Neubau so unterschiedlichen Aspekten der Insel wie Geologie und Landwirtschaft, Musik und Bräuchen. Das angeschlossene ehemalige Wohnhaus eines Winzers vermittelt einen anschaulichen Eindruck von der Wohnkultur früherer Zeiten (Rua das Flores 2, Tel. 295 712 429 ; Mo–Fr 9–12.30, 14–17.30, Juli/Aug. auch Sa/So 14–17 Uhr; Eintritt 1 €).

Im Ostteil von Santa Cruz führt ein ausgeschilderter Fahrweg den Vulkan **Monte da Ajuda** (129 m) hinauf, der sich auch für einen einstündigen Spaziergang eignet. Drei Einsiedlerkapellen stehen am Kraterrand. Von der **Ermida N. S. da Ajuda** aus dem 16. Jh. blickt man auf Stadt und Bucht mit dem alten Hafenkai **Cais da Barra**.

Hotels

■ **Graciosa Resort Hotel**
Porto da Barra][Tel. 295 730 500
www.graciosahotel.com
Recht neues Hotel 3 km außerhalb der Stadt an der Felsküste, erstes Haus am Platz. Modern und klar gestylt. ●●

■ **Residencial Ilha Graciosa**
Av. Mousinho de Albuquerque 49
Tel. 295 712 675
www.residencialilhagraciosa.com.pt
Zentral in einer gepflegten, inseltypischen Häusergruppe, 16 Zimmer. ●

8

Zwei-Insel-Tour
(Karte S. 78) Praia da Vitória/Terceira › (Karte nebenstehend) Praia › Santa Cruz da Graciosa › Caldeirinha › Carapacho › Furna do Enxofre › Praia

Restaurants

■ Apolo 80

Rua Dom João IV][Tel. 295 712 660
Mittags wählt man hier von einem schmackhaften Buffet zu günstigem Preis. Abends regionale Küche. ●

■ Costa do Sol

Largo da Calheta][Tel. 295 712 694
Inseltypisches Lokal in Hafennähe, günstiger Mittagstisch. Tgl. geöffnet. ●

Shopping

Terra do Conde

Av. Mousinho de Albuquerque (nahe Residencial Ilha Graciosa)
Tel. 295 712 164
Das bekannte Weingut lädt zu Probe und Kauf von Rot- und Weißwein, orangerotem Aperitifwein und klarem *aguardente* ein. Mo–Fr 8–17 Uhr.

Der Inselwesten

Auf der ER4 geht es nach **Ribeirinha** und weiter auf der ER1 Richtung Süden auf den Gebirgszug der Serra Branca zu. 2,5 km nach dem Ort biegt man links zu einem Windenergiepark ab. Diesem schräg gegenüber liegt der Vulkan **Caldeirinha** **2**, in dessen Schlot man tief hinabblicken kann. Sein Kraterrand ist mit 360 m die höchste Erhebung der Serra Branca.

Ein lohnendes Ziel an der äußersten Westspitze von Graciosa ist **Porto Afonso** **3**. Den sicheren Ankerplatz in einer Felsbucht nutzen heute noch ein paar Fischerboote, der Fang ist aber zum Freizeitvergnügen geworden. Auch Angler sitzen häufig geduldig in den Küstenfelsen. Im Sommer eignet sich die Bucht recht gut zum Baden.

Windmühle auf Graciosa

Praia (São Mateus) 4

Die Stadt ist unter zwei Namen bekannt, was einige Verwirrung stiftet. Direkt vor der Uferstraße liegt ein sandiger Strand *(praia)*, und die **Igreja de São Mateus** ist dem Ortspatron, dem hl. Matthäus, geweiht. In Praia befindet sich der Haupthafen der Insel, wo die Fährschiffe anlegen. In den Sommermonaten laufen Fischerboote zum der Stadt vorgelagerten **Ilhéu da Praia** aus (Überfahrt ca. 2 €). Das als Naturreservat ausgewiesene Felseiland ist vor allem für Birdwatcher interessant, da sich zahlreiche Seevogelarten dorthin zurückgezogen haben.

Hotel

Moinho de Pedra
Rua dos Moinhos de Vento 28
Tel. 295 712 501
www.moinho-de-pedra.pt
Vier originelle Apartments in einer restaurierten Windmühle. ●●

Shopping

Pastelaria Queijadas da Graciosa
Canada Nova 34–36
www.queijadasdagraciosa.pt
Echt gut!
Die Backwarenfabrik am nördlichen Ortseingang hält im Direktverkauf **die berühmten queijadas (kleine Käsekuchen) in Zwölferkartons** bereit.

Ausflug zur Caldeira

Von Praia verläuft die ER2 nach Süden in den landschaftlich reizvollsten Teil von Graciosa. Ein erster Abstecher führt von Santa Quitéria auf den **Morro Senhora da Saúde**. Der Gipfel mit Wallfahrtskapelle hält einen herrlichen Panoramablick bereit.

Ein Fußweg führt zum Vulkanschlund ***Furna do Enxofre.** Ein Besucherzentrum am Eingang informiert über den Vulkanismus auf Graciosa und den anderen Azoreninseln. Dann beginnt das Abenteuer des Abstiegs in die Höhle (die manchmal geschlossen wird, je nach Kohlendioxidkonzentration). Unten im Halbdunkel liegt 100 m tief die Lagoa do Styx, aus der schwefelhaltige Gase quellen. Der Abstieg bis zum See ist daher nicht mehr erlaubt. In Begleitung eines Wärters gelangt man im oberen Teil der Höhle bis zu einem dumpf blubbernden Geysir und blickt von dort in die unergründliche Tiefe. (Führungen 1.5.–15.9. Di–Sa 11.30, 15, 16.30 Uhr, ab 15.6. auch So/Mo, sonst nur Di–Sa 14.30, 15.30 Uhr; Eintritt 2,50 €; http://parquesnaturais.azores.gov.pt.)

Carapacho 5

Die ***Termas do Carapacho,** warme Quellen, werden in ein wunderschönes altes Kurhaus geleitet und speisen dort eine moderne Thermenlandschaft mit Innen- und Außenpool › S. 25. Nebenan lockt ein Meerwasserpool in kühleres Wasser. Rundherum kann man sich in der Sonne aalen oder den Wellen zusehen, die in die felsige Bucht schwappen. Wem dieser Blick nicht spektakulär genug ist, sollte hinauf zum Leuchtturm an der **Ponta da Restinga** hoch auf einer Klippe fahren.

Hotel

Quinta da Gabriele
Tel. 295 714 352
www.azoren-gesundheitsurlaub.com
Ein deutsches Paar vermietet zwei hübsche Ferienhäuser, auch in Verbindung mit therapeutischen Angeboten, etwa individuellem Klangtraining. ●

Restaurant

Dolphin
am Campingplatz][Tel. 295 712 014
Angenehmes Terrassenlokal mit Atlantikblick, günstige Tagesgerichte. ●

Der Fels Castelo Branco auf Faial

Faial

Nicht verpassen!

- Hochseeseglerflair am Jachthafen von Horta genießen
- Durch die weiche Asche eines jungen Vulkans stapfen
- Schwindelerregende Tiefblicke von einer rauen Felsküste werfen
- An endlosen Hortensienhecken vorbei zum Inselgipfel hinauffahren

Zur Orientierung

Faial ist zunächst einmal die Hauptstadt **Horta.** Ihre internationale Atmosphäre, die sie dem berühmten Jachthafen verdankt, macht sie speziell im Sommer zu einer lebendigen Stadt. In Kontrast dazu steht der ruhige Rest der Insel. Entlang der Ringstraße um die Insel reihen sich Bauerndörfer. Dahinter ziehen sich saftige Weiden, mit schwarz-weißem Rindvieh bestückt und von gewaltigen Hortensienhecken gesäumt, zur zentralen **Caldeira** hinauf. Ein jüngeres Zeichen vulkanischer Aktivität ist der **Vulcão dos Capelinhos,** der erst in den Jahren 1957/58 aus dem Meer stieg.

Nach Faial kommt ein relativ junges Publikum, das sich vorzugsweise dem Segeln, Tauchen, Whalewatching oder Mountainbiking widmet.

Wer unter Segel in Horta einläuft, verewigt sich an der Kaimauer

Horta ist der zentrale Standort mit Hotels und Pensionen für verschiedene Ansprüche. Hier ist in den Hafenkneipen auch abends noch etwas los. Im Sommer wird **Praia do Almoxarife** zu einem Badeparadies. Mehrere kleine Landhotels für Individualisten verteilen sich über die ländlichen Gebiete.

Touren in der Region

Einmal rund um die Insel

(10) Horta › Praia do Almoxarife › Ribeirinha › Cedros › Fajã › Vulcão dos Capelinhos › Varadouro › Caldeira › Jardim Botânico

Länge: 1 Tag; 80 km
Verkehrsmittel: Mietwagen oder Taxi.

Von ****Horta** › S. 99 windet sich eine Serpentinenstraße den Bergrücken des Monte da Espalamaca hinauf. Oben schauen Sie zurück zur Stadt und voraus nach **Praia do Almoxarife** › S. 105. In **Ribeirinha** › S. 106 lohnt ein Abstecher zum Leuchtturm. Bei **Salão** verweist ein Schild auf den Porto, einen wildromantischen Platz an der Steilküste. Nach Passieren des hübschen Straßendorfs **Cedros** › S. 106 folgen zwei Aussichtspunkte mit Blick über die wilde Nordküste. Zum **Strand von Fajã** › S. 107 führt ein Abstecher hinab. Dann folgt als erster Höhepunkt der Tour der ****Vulcão dos Capelinhos** › S. 108. Anschließend legen Sie eine Mittagspause im Badeort **Varadouro** › S. 109 mit Erfrischung im Naturschwimmbecken und Einkehr im Ausflugslokal ein. Nachmittags steht die Auffahrt zur ***Caldeira** › S. 105 an, dem zentralen Riesenkrater. Letzter Besichtigungspunkt auf dem Weg zurück ist der **Jardim Botânico** › S. 105, ein idyllischer Botanischer Garten unweit von Horta.

Zwei Vulkanwanderungen

(11) Horta › Caldeira › Cabeço da Fonte

Länge: 2 Tage; Fahrstrecke/Wanderzeit: 1. Tag: 24 km/3 Std.; 2.Tag: 32 km/2,5 Std.
Verkehrsmittel: Mietwagen.

Die beiden Wanderwege erschließen landschaftliche Highlights von Faial, deren Entstehung dem Vukanismus zu verdanken ist. Die erste Tour widmet sich der ***Caldeira** › S. 105, an deren Rand ein Pfad mit Ausblicken wie aus der Flugzeugperspektive verläuft.

Am zweiten Tag steht die Umrundung des von üppiger Vegetation überwucherten **Cabeço da Fonte** › S. 107 auf dem Programm, einer der jüngeren Vulkane Faials, in gewisser Weise ein Vorläufer des Vulcão dos Capelinhos.

Route für Mountainbiker

(12) Horta › Abegoaria › Cabouco Velho › Ribeirinha › Pedro Miguel › Praia do Almoxarife › Horta

Länge: 2–3 Std.; 35 km
Verkehrsmittel: Fahrräder können in Horta gemietet werden, z.B. bei Peter Café Sport › S. 99.

Zunächst fahren Sie ab Horta über São João Richtung Caldeira. An der Abzweigung bei **Abegoaria** folgen Sie der ER 2-2a Richtung Norden. Bei **Cabouco Velho** beginnt der schönste Teil der Fahrt. Sie biegen dort in eine Piste ostwärts ein, die einem Höhenrücken mit Traumblick bis zur ER 1-1a bei **Ribeirinha** › S. 106 folgt. In **Pedro Miguel** lenken Sie den Drahtesel auf die Estrada New Bedford und nutzen den Schwung in **Praia do Almoxarife** › S. 105, um den Strand bis zum Ende abzufahren. Knapp 150 steile Höhenmeter müssen Sie am Ende überwinden, ehe Sie vom Monte da Espalamanca die Serpentinen nach Horta hinunterflitzen können.

Verkehrsmittel

■ **Flughafen:** Der Aeroporto da Horta (HOR) liegt 8 km westlich der Stadt bei Castelo Branco (Bus

Karte Seite 98

nach Horta 6 x tgl., Taxi ca. 10 €). Die SATA fliegt mehrmals tgl. von Horta nach Ponta Delgada (São Miguel) und Terceira sowie ca. 1 x tgl. nach Flores. Nach Pico und São Jorge gibt es keine direkten Flüge.

■ **Schiffsverbindungen:** Personenfähren von Transmaçor (www.transmacor.pt) gibt es ganzjährig von Horta nach Madalena (Pico) ca. 5 x tgl., im Winter 3–4 x tgl. (Fahrzeit 30 Min.). Ebenfalls ganzjährig bedient Transmaçor die Strecke Horta – São Roque do Pico (Fahrzeit 55 Min.) – Velas (São Jorge; Fahrzeit 35 Min.).

Autofähren der Atlântico Line (www.atlanticoline.pt) verkehren ab Horta zu den anderen Azoreninseln von Mitte Mai bis Ende Sept. mehrmals pro Woche, nach Flores nur zwischen Mitte Juni und Anfang Sept. 1 x pro Woche.

■ **Busse:** Von Horta nach Flamengos gibt es Busverbindungen 3–5 x tgl., nach Praia do Almoxarife und Cedros jeweils 3 x tgl.; außerdem (Abfahrt Rua Vasco da Gama) Richtung Flughafen/Castelo Branco fahren Busse 6 x tgl. und nach Capelo/Praia do Norte 2 x tgl.

In Horta verkehren Mini-Stadtbusse auf vier Linien.

(10) **Einmal rund um die Insel** Horta › Praia do Almoxarife › Ribeirinha › Cedros › Fajã › Vulcão dos Capelinhos › Varadouro › Caldeira › Jardim Botânico

(11) **Zwei Vulkanwanderungen** Horta › Caldeira › Cabeço da Fonte

(12) **Route für Mountainbiker** Horta › Abegoaria › Cabouco Velho › Ribeirinha › Pedro Miguel › Praia do Almoxarife › Horta

Wichtige Adressen

Offizielles Infobüro:
■ **Posto de Turismo**
9900-017 Horta,
Rua Vasco da Gama,
Tel. 292 292 237
Mo–Fr 9–12.30, 14–17.30 Uhr.

Büros der Fluggesellschaft SATA:
■ **Horta, Largo do Infante,**
Tel. 292 293 912;
am Flughafen: Tel. 292 943 111.

Büro der Fluggesellschaft TAP:
■ **Horta,** Rua Vasco da Gama 28,
Tel. 707 213 141 (Information),
707 205 700 (Reservierung);
am Flughafen: Tel. 292 943 481.

Unterwegs auf Faial

**Horta 1

Stärker als die anderen Azorenstädte lebt Horta (6500 Einw.) von und mit seinem Hafen. So beginnt auch fast jeder Besucher von hier aus die Stadt zu entdecken. Das **Castelo de Santa Cruz** Ⓐ mit seinen efeuumrankten Zinnen, heute ein nobles Hotel › S. 104, wurde um 1567 erbaut, um Horta vor Angriffen französischer und englischer Korsaren zu schützen. Dennoch gelang es Sir Walter Raleigh, die Stadt 1597 zu plündern und zu brandschatzen. An die Nordmauer der Festung grenzt die baumbestandene **Praça do Infante.**

Während die Büste Heinrich des Seefahrers stadteinwärts blickt, schauen Touristen auf die Schwimmstege der beliebtesten **Marina** im Atlantik. Jede Jachtbesatzung verewigt sich durch eine bunte Malerei an der Hafenmauer um – wie es heißt – mögliches Unglück auf See abzuwenden. Man trifft sich in der **Bar da Marina** am Kai.

8 Eine Institution ist **Peter Café Sport** Ⓑ. **Einheimische und Segler sitzen einträchtig in dem urigen Lokal.** Der Gin Tonic wird von Skippern als der beste zwischen der Karibik und Gibraltar gerühmt. Kein Wunder, ist dies doch im Umkreis von 1000 Seemeilen die einzige Kneipe, die sich um Segler, deren Post und Trinkwünsche kümmert. Wimpel und Flaggen baumeln von der Decke und verhüllen die alte Holztäfelung der Wände. Jahrzehntelang wurde das Lokal von dem legendären, 2005 verstorbenen »Peter« geführt, der eigentlich José Azevedo hieß. Ein englischer Kapitän hatte ihn im Zweiten Weltkrieg »umgetauft«, und dabei war es geblieben. Peters Sohn José Henrique führt inzwischen die populäre Hafenkneipe ganz im Sinne seines Vaters weiter (Rua Tenente Valadim 9, Tel.

Echt gut!

»Peter Café Sport« ist im Umkreis von 1000 Meilen der Seglertreff

292 292 327, www.petercafesport.com; Mo–Sa 8–24 Uhr, im Sommer z.T. auch So). Einzigartig auf der Welt ist das **Museu de Scrimshaw** im ersten Stock von Peter Café Sport. Die vielfältige Privatsammlung gravierter Walzähne › S. 41 wurde von der Familie Azevedo über Jahrzehnte hinweg zusammengetragen (nur nachmittags; Eintritt 1,50 €).

Ins Auge fällt südlich des Hafens die **Igreja Nossa Senhora das Angústias** C. Beim Erdbeben 1998 erlitt sie schwere Schäden, ist allerdings nach langer Schließung wieder zu besichtigen. Brites de Macedo, Frau des Legatskapitäns Josse van Hurtere und erste »First Lady« der Insel, hatte an dieser Stelle schon eine Kapelle erbauen lassen. Van Hurtere, dem Horta seinen Namen verdankt, war ein wohlhabender Flame und hatte sich, angelockt von angeblichen Silber- und Zinnvorkommen, Mitte des 15. Jhs. auf den Weg nach Faial gemacht. Bodenschätze gab es nicht, doch Getreide und *pastel* (Färberwaid › S. 64) gediehen prächtig.

Die sandige **Praia do Porto Pim** ist Hortas Badestrand. Früher warfen unzählige amerikanische Walfangschoner im Naturhafen Porto Pim Anker. Sie bunkerten Vorräte und stockten die Mannschaft mit Ruderern und Harpunieren der Insel für die kleinen Fangboote auf. 1808 kam der spätere amerikanische Konsul John Dabney nach Faial und erbaute eine Fabrik zur Walverarbeitung am Ostrand des Strandes.

Inzwischen ist die **Fábrica da Baleia** D restauriert. Besucher sehen einen riesigen Dampfkessel zur Gewinnung des Walöls von 1904, Geräte zur Herstellung von Tierfutter und Dünger aus Fleisch und Knochen sowie die Rampe, auf der die Pottwale an Land gezogen wurden (www.oma.pt, Mitte Juni–Mitte Sept. tgl. 10–18, sonst Mo–Fr 9.30–16.30, Sa, So, Fei 14–17.30 Uhr, Nov.–Mitte April nur Mo–Fr; Eintritt 2,50 €).

Nun lohnt ein kurzer Abstecher die Rua Cônsul Dabney hinauf in die **Colónia Alemã** E, die »Deutsche Siedlung«, mit den Anfang des 20. Jhs. erbauten Häusern der Deutsch-Atlantischen Telegraphengesellschaft (DAT). Seit 1893 verband das erste Telegrafen-Überseekabel Horta direkt mit Lissabon. Damit begann der Aufstieg Faials zum atlantischen

Karte Seite 101

Kommunikationszentrum. 1900 verlegte die DAT ein Kabel von der ostfriesischen Insel Borkum über Horta nach New York. Schon bald danach kreuzten sich die Kabel aus London, Paris und Washington in den Zentralen der diversen internationalen Gesellschaften in Horta. Die Bedeutung der Kabel sank jedoch mit der Entwicklung von Telefon-, Radio- und Satellitenübertragungen. 1969 wurde die letzte Telegrafengesellschaft feierlich geschlossen. Die DAT musste Horta schon im Zweiten Weltkrieg verlassen. Heute sind in den Gebäuden Regierungsbehörden untergebracht. Am ehemaligen Ballsaal lohnt ein Blick von außen auf die bunten Fensterscheiben mit den Wappen der deutschen Länder.

Die meist einfach **Rua Direita** (»gerade Straße«) genannte Rua Conselheiro Medeiros mit ihren kolonialen Bauten und gusseisernen Balkonen lädt mit Souvenirläden, Fotogeschäften und Boutiquen zum Einkaufen ein. Von außen recht schlicht wirkt die **Igreja de São Francisco** F. Auf das vergoldete Schnitzwerk sowie die Azulejos mit Bildern aus dem Leben des hl. Franziskus im Inneren kann man – mit Glück – nur zur Morgenmesse für das angeschlossene Altersheim zwischen 8 und 9 Uhr einen Blick werfen.

Den Largo Duque de Avila e Bolama beherrscht die ab 1680 vom Jesuitenorden erbaute barocke Pfarrkirche **Matriz São Salvador** G (tgl. 17–19 Uhr) mit vergoldeten Altären und aufwendig gearbeitetem Chorgestühl. Nebenan im einstmals größten Jesuitenkolleg der Azoren nimmt das kleine **Museu da Horta** drei Säle im ersten Stock ein. Es zeigt vor allem Kirchenkunst von der Insel aus verschiedenen Jahrhunderten: Skulpturen und Silberarbeiten. Alte Fotos dokumentieren den Hafenbau und die Zeit der frühen Transatlantikflüge. Beachtlich sind die **Miniaturen von Euclides Rosa:** Er bildete mit Feigenbaummark Segelschiffe, Stadtlandschaften und Menschen originalgetreu nach (Palácio do Colégio, www.ipmuseus.pt, Di–Fr 10–12, 14 bis 17.30, Sa, So 14–17.30 Uhr, Mo, Fei geschl.; Eintritt 2 €).

Echt gut

Die boutiquengesäumte Rua Serpa Pinto zieht mit ihren herrschaftlichen Kolonialhäusern weiter nach Norden und mündet in die **Praça da República**. Das knallige Rot des Konzertpavillons überstrahlt die gepflegten Blumenbeete zwischen hohen Araukarien. Aus dem nahen **Mercado Municipal** H hallen die Verkaufsgespräche der Markthändler

Flug-Hafen

Etwas über 15 Stunden war Albert Read unterwegs, als er auf dem ersten Transatlantikflug vom amerikanischen Trepassey Bay am 22. Mai 1919 mit einer viermotorigen NC 4 der amerikanischen Marine im Atlantik vor Horta wasserte. Read flog weiter via Ponta Delgada und Lissabon bis nach Plymouth in Großbritannien. Zehn Jahre später landeten mit der zwölfmotorigen Dornier DO-X, dem damals größten Wasserflugzeug der Welt, bereits 70 Passagiere. 1930 schwebte Graf Zeppelin mit seiner »Zigarre« über die Stadt hinweg. 1933 parkte Charles Lindbergh im Auftrag der Pan American seine Lookheed Sirius im Hafen, um zu erkunden, ob Horta als Zwischenstation für Linienflüge tauglich war. 1936 bis 1938 realisierte die Lufthansa diese Idee mit Katapultstarts von den Schiffen »Schwabenland« und »Friesland«. Von 1939 bis 1945 verkehrten im Linienverkehr Boeing-314-Wasserflugzeuge der Pan American. Gegen Ende des Zweiten Weltkriegs, als auf Terceira und Santa Maria asphaltierte Landeplätze entstanden, kam das Aus für den Flug-Hafen vor Horta.

An der Praça da República setzt der rot lackierte Pavillon einen farbigen Akzent

(Mo–Fr 6.30–19, Sa 6.30–13 Uhr). Am höher gelegenen Platzende fällt die Art-déco-Architektur der 1930er-Jahre des **Clube Sociedade Amor da Patria** **I** ins Auge – von einer Hortensienbordüre umrankt. Eine mächtige Freitreppe führt zu den eleganten Konzert- und Gesellschäftsräumen des einflussreichen Männerklubs.

Neben so viel Pomp geht der **Império dos Nobres** fast unter, einer der ältesten erhaltenen Heiliggeisttempel der Azoren. Er wurde Ende des 18. Jhs. in Erinnerung an die schweren Eruptionen errichtet, die den Nordwesten Faials 1672 erschütterten. Die Vulkanausbrüche wurden von den Azorianern als himmlisches Zeichen aufgefasst, das zur Wiederbelebung der schon beinahe in Vergessenheit geratenen Heiliggeistfeste › S. 42 führte.

Weiter nördlich steht an der Rua de São João die **Torre de Relógio** **J**. Der alte Uhrturm blieb von der früheren Pfarrkirche (18. Jh.) erhalten.

Nebenan lädt der hübsche **Jardim de Florêncio Terra** zur Rast ein. Die 1883 entstandenen Marmorskulpturen am zentralen Teich symbolisieren die Jahreszeiten. Schatten spenden dem kleinen Park **gewaltige Drachenbäume,** deren Kronen zusammengewachsen sind.

Echt gut!

Info

Website der Stadt:
www.cmhorta.pt

Hotels

■ **Faial Resort Hotel**
Rua Cônsul Dabney
Tel. 292 207 400
www.investacor.com

Im Grünen über der Stadt gelegene, weitläufige Anlage mit sehr schönem Ausblick. Außen- und Innenpool, Jacuzzi, Sauna. ●●●

■ **Pousada Santa Cruz**

Rua Vasco da Gama
Tel. 292 202 200
www.pousadas.pt

In der historischen Festung Castelo de Santa Cruz › S. 99 gelegen; 26 Zimmer und Suiten mit hohem Standard, Außenpool. ●●●

■ **Hotel do Canal**

Largo Dr. Manuel Arriaga
Tel. 292 202 120
www.bensaude.pt

Günstige Lage am Hafen, gutes Fitness- und Wellnessangebot (allerdings ohne Pool). Das Haus hat 97 moderne Zimmer. ●●

■ **Residencial São Francisco**

Rua Cons. Medeiros 13
Tel. 292 200 980
www.residencialsfrancisco.com.pt

Zimmer mit Meerblick wählen! Den Frühstücksraum zieren blau-weiße Azulejos. ●

■ **Residência Neves**

Rua Commendador Macedo 7
Tel. 292 292 564
www.residencianeves.com

Klassisches portugiesisches Interieur mit viel dunklem Holz. Besonders schön ist das Dachzimmer mit Gaube; ruhig. ●

Restaurants

■ **Canto da Doca**

Rua Nova d. Angústias
Tel. 292 292 444

Fleisch, Fisch und Meeresfrüchte gart man selbst auf dem »heißen Stein«. Nur die Beilagen kommen aus der Küche. Tgl. geöffnet. ●●●

■ **Barão Palace**

Rua José Fialho 3][Tel. 292 292 124

Supermodern gestyltes Lokal am nördlichen Stadtrand, sehr gute Fischküche. So abends und Mo geschl. ●●

■ **O Kapote**

Avenida Marginal 24
Tel. 292 391 174

Huhn, Fisch, Fleisch vom Holzkohlegrill, Panoramablick über den »Canal« zum Vulkankegel des Pico. Tgl. geöffnet. ●●

■ **A Árvore**

Rua da Conceição 23
Tel. 292 392 500

Hausmannskost vom Buffet, jeder wählt, was er mag. Desserts werden extra abgerechnet. ●

Ausflüge ab Horta

Monte da Guia

Für einen Blick über Horta und zu den Nachbarinseln Pico und São Jorge lohnt ein Spaziergang (1 Std.) in das Landschaftsschutzgebiet des Monte da Guia (150 m). Von der Terrasse der Einsiedlerkapelle schaut man hinunter in die *caldeirinhas*, zwei mit schäumendem Meerwasser gefüllten Vulkankratern.

Feteira

Bei diesem Abstecher in den hübschen Fischerort an der Südküste sollten Sie nicht nur den kleinen Hafen und die Igreja Nossa Senhora de Lourdes besichtigen, sondern auch im **Restaurant Salgueirinha** einkehren: Frischer Fisch und Meeresfrüchte werden hier auf massiven Holztischen serviert

Echt gut

(Fischerhafen, Tel. 292 943 553, Di geschl. ●●). Unterwegs lohnt ein Halt an der **Ponta Furada.** Der wilde Küstenabschnitt wird gern von Anglern aufgesucht.

Monte Carneiro

cht gut! Ein **schöner Spaziergang** führt über die Canada das Dutras in 45 Min. zum Miradouro auf dem Monte Carneiro, 270 m über der Stadt, wo man mit einem herrlichen Ausblick auf den Pico belohnt wird.

400 m steigen die Wände der Caldeira vom Kraterboden auf

Jardim Botânico

Einen Besuch des 2 km von Horta entfernten Botanischen Gartens in Flamengos sollte man sich nicht entgehen lassen. Der Garten gibt einen Überblick über die endemischen Gewächse der Azoren und über Heilpflanzen (www.jardimbotanicodofaial.com; Mitte Juni–Mitte Sept. tgl. 10–18, sonst Mo–Fr 9.30–16.30, Sa, So, Fei 14 bis 17.30 Uhr, Nov.–März geschl.; Eintritt 2,50 €).

*Caldeira

Am fruchtbaren Tal von Flamengos vorbei und über São João geht es an grünen Wiesen und – im Juli/August blauen – Hortensienhecken vorbei zum Gipfelparkplatz. Von dort genügen wenige Schritte durch einen Fußgängertunnel, und die Sicht in die 2 km breite Caldeira ist frei. 400 m steigen die Felswände vom Kraterboden empor. Die Umrundung der Caldeira auf dem Wanderweg **PRC 4 FAI** (ca. 2,5 Std.) ist möglich. Gegen den Uhrzeigersinn erfolgen die ersten zwei Drittel davon auf einem schmalen Pfad, der eine gewisse Schwindelfreiheit und Trittsicherheit erfordert. Schließlich wird ein Fahrweg erreicht, der zum höchsten Punkt, dem **Cabeço Gordo** (1043 m) führt. Von dort geht es auf einem recht bequemen Fußweg zurück zum Parkplatz. Hier beginnt auch der markierte Wanderweg **PR 6 FAI** (Infotafel am Parkplatz), der als Ganztagestour zum **Vulcão dos Capelinhos** › S. 108 führt.

Von der Straße zur Caldeira lohnt ein Abstecher zum **Miradouro do Cabouco** mit Weitblick in den Nordosten der Insel.

Praia do Almoxarife 2

Der **Monte da Espalamaca** (130 m), ein schmaler, zum Meer hin über schroffer Steilküste auslaufender Bergrücken, trennt Horta von Praia do Almoxarife. Von einem Miradouro blickt man in beide Richtungen. Praia do Almoxarife ist Faials Badeparadies schlechthin – allerdings nur im Sommer bei ruhiger See. Im Winter rollt meist eine hohe Brandung an. Eine Promenade begleitet den dunklen Sandstrand, den längsten der Insel. Nördlich schließt die schmucke kleine **Praia dos Ingleses** an.

Hotel

Vila Bélgica
Lomba, Estrada da Caldera
Tel. 292 392 614
www.azoresvilabelgica.com
Idyllisch mit Blick auf Pico. Leihräder, Shuttle-Service nach Horta. ●●

Ribeirinha 3

Der Nordosten von Faial mit den Orten Pedro Miguel und Ribeirinha war von dem Erdbeben 1998 besonders stark betroffen. Kaum eines der kleinen alten Steinhäuser blieb stehen. Die Bewohner leben heute in Neubauten. Von den seismischen Erschütterungen verschont blieb der **Porto da Boca da Ribeira,** ein uriger Fischerhafen mit Seemannskapelle. Zu erreichen ist er von Ribeirinha auf dem Caminho do Porto. Neben dem Hafen kann man an einem felsigen Strand baden.

Am Heiliggeisttempel von Ribeirinha beginnt der Fußweg (1 km) zum ehemaligen Leuchtturm *(farol)* an der **Ponta da Ribeirinha.** Er ist seit dem Erdbeben außer Betrieb. Meer, Weiden und in der Ferne die Insel Graciosa liegen den Besuchern zu Füßen. Der Leuchtturm ist auch per Auto erreichbar, über eine schmale Höhenstraße am Meer entlang ab Espalhafatos.

Restaurant

Pôr do Sol
Espalhafatos][Cam. da Arramada
Tel. 292 946 698
Das am Wochenende gut besuchte Lokal ist bekannt für seine Fischgerichte. So Ruhetag. ●●

Cedros 4

Das lang gezogene Straßendorf liegt hoch über dem Meer. Der **Núcleo Etnográfico** zeigt Gerätschaften traditioneller Landwirtschaft und Handwerkskunst (Ortsmitte, Schlüssel 50 m weiter in der Casa do Povo). Bei der Molkerei an der Hauptstraße, am westlichen Ortsausgang, zweigt ein Erdweg zur **Vigia dos Cedros** ab (10 Gehminuten), einem einstigen Walbeobachtungsposten auf der Ponta dos Cedros, in dem heute während der Saison ein Ausguck des Whalewatching-Anbieters Peter Café Sport › S. 99 stationiert ist.

Hotel

Casa do Capitâo
Rua do Capitão 5][Tel. 292 946 106
casadocapitao@netcabo.pt
Echt gut
Liebevoll restaurierte Bauernhäuser, fünf unterschiedlich dekorierte Zimmer mit Privatbad, rundherum ein idyllischer Garten mit verschiedenen Sitzplätzen. Familiär geführt, der portugiesische Hausherr spricht sehr gut Deutsch. ●●

Restaurant

O Esconderijo
Rua Joan Alves 3
Tel. 292 946 505
In einem renovierten Bauernhaus in einem lauschigen Tal am oberen Ortsrand servieren die beiden Wirte vom Chiemsee nicht nur ausländischen, sondern auch vielen einheimischen Gästen **vorzügliche Gerichte.** Mai bis Sept. Mi–Mo ab 18 Uhr, sonst nur Fr, Sa und So. ●●

Ausflug zum Strand von Fajã

Lavastrand von Fajã

Die ER 1-1a windet sich von Cedros westwärts zur **Capela Nossa Senhora da Fátima.** Kurz darauf ist der **Miradouro da Ribeira Funda – Cedros** **5** mit Meerblick über das gleichnamige Tal hinweg erreicht. Picknicktische laden zur Rast ein. Ein noch grandioserer Blick in die Baia da Ribeira das Cales und zum schwarzen Sandstrand von Fajã eröffnet sich am **Miradouro Ribeira das Cales.**

In **Praia do Norte** **6** steht die Kirche Nossa Senhora das Dores, die nach dem Vulkanausbruch von 1672 wieder aufgebaut wurde. Die verlassene Gegend westlich des Ortes heißt *Zona do Mistério,* denn für die Bevölkerung waren die frischen Lavaströme früher eine Welt voller Geheimnisse. Eine Stichstraße führt durch dieses waldreiche Gebiet zur Sommerhaussiedlung **Fajã.**

! Hier befindet sich zwar einen der schönsten Strände Faials. Wegen der Sogwirkung sollte man an dieser dunklen und grobkiesigen Praia allerdings nur bei auflaufendem Wasser baden– und auch dann nur mit äußerster Vorsicht.

Capelo 7

In Capelo werden Produkte der örtlichen Kunsthandwerker im **Centro de Artesanato** präsentiert und verkauft (an der Hauptstraße, Tel. 292 945 027).

Ambitionierte Wanderer finden am Ortsrand, nahe der Straße nach Praia do Norte, den Einstieg in einen ausgeschilderten »Walking Trail«, der in rund 2,5 Std. durch das bewaldete Vulkangebiet rund um den **Cabeço da Fonte** (488 m) führt. An der ersten Gabelung geht es links, an einer Abzweigung biegt man nach rechts ab. Später folgt man dem Schild »Caldeirão« und passiert nach steilem Abstieg den gleichnamigen Vulkankessel. Auf einer Piste hält man sich anschließend rechts und gelangt im Bogen zurück zum Ausgangspunkt.

9 **Vulcão dos Capelinhos

1957/58 wuchs die Insel Faial durch den untermeerischen Ausbruch des Vulcão dos Capelinhos im Westen um 1 km² an. Der im Jahr 1903 erbaute Leuchtturm steht deshalb nicht mehr an der Küste, sondern am Rand einer hellgrauen Aschewüste. Zugänglich ist der Turm durch das unterirdische **Centro de Interpretação do Vulcão dos Capelinhos,** das mit Schautafeln und Videos sehr umfassend über den Ausbruch des Capelinhos wie auch über den Vulkanismus der gesamten Azoren informiert. Zum Besucherzentrum gehören ein Museumsshop und eine Cafeteria (www.vulcaodoscapelinhos.org, Mitte

Chronik des Vulkanausbruchs von 1957/58

- **16. September 1957:** Erdbeben Stärke 5 (Mercalli-Skala), erst im Osten von Faial, später auch im Westen. Mehr als 200 Erdstöße sind wahrnehmbar.
- **23. September 1957:** Vor dem Leuchtturm von Capelinhos beginnt der Atlantik zu kochen. Drei Tage später steigen Schlammfontänen bis in 1400 m Höhe aus dem Wasser, heiße Dampfwolken sogar bis 4000 m. Die Bewohner der umliegenden Dörfer werden evakuiert.
- **13. Oktober 1957:** Die Heftigkeit der Ausbrüche lässt nach. Weite Teile des Inselwestens sind unter einer bis zu eineinhalb Meter dicken Ascheschicht begraben, und vor der Westspitze ist eine kleine Insel entstanden. Sie wächst am 12. November mit der Hauptinsel zusammen.
- **16. Dezember 1957:** Erstmals wirft der Vulkan auch Lava aus. In den Folgemonaten kommt es zu weiteren Asche- und Schlackeneruptionen.
- **12. Mai 1958:** Ein Erdbeben der Stärke 10 zerstört über 500 Häuser. Hunderte von Nachbeben sind z.T. auch auf Pico und São Jorge spürbar.
- **14. Mai 1958:** Aus der Caldeira von Faial dringen Schwefeldämpfe. Panische Angst bricht auf der Insel aus, doch nach ein paar Tagen beruhigt sich die Caldeira wieder. Dafür verstärken sich die Eruptionen vor der Westspitze.
- **2. September 1958:** Die USA genehmigen 1500 Visa für die Einwanderung von Landwirten aus Faial, deren Äcker durch den Vulkanausbruch unbrauchbar geworden sind.
- **21. Oktober 1958:** Der letzte Lavastrom ergießt sich aus dem Vulkan. Am 24. Oktober wird der letzte Schlackenauswurf registriert.
- **25. Oktober 1958:** Der Ausbruch ist zu Ende. Zwei kleine Felseilande sind unter der neu entstandenen Landspitze verschwunden. Das Meer beginnt, den jungen Vulkan zurückzuerobern, von dem heute nur noch ein Drittel der ursprünglichen Masse erhalten ist.

Juni–Mitte Sept. tgl. 10–18, sonst Di–Fr 10–16.30, Sa, So 14 bis 17.30 Uhr, Eintritt komplett 10 €, nur ständige Ausstellung 6 €, Leuchtturm 1 €).

!! Den 127 m hohen Vulkan kann man auf einem deutlich erkennbaren Pfad besteigen, der links unten am Meer beginnt. Auf keinen Fall sollte man sich dabei den Steilabbrüchen am Rand zu sehr nähern, sie sind abrutschgefährdet. Während der Brutzeit der Seevögel (etwa Mai–Juli) bitten Naturschützer, die unmittelbare Gipfelregion sogar ganz zu meiden.

Die Ponta dos Capelinhos

Varadouro 8

Im Badeort Varadouro fügen sich Wochenendhäuser, Restaurants, Naturschwimmbecken und das altertümliche Thermalbadehaus zu einem netten Ensemble zusammen. Seit dem Erdbeben von 1998 ist das Badehaus allerdings geschlossen, es soll aber in den kommenden Jahren restauriert werden.

Beim oberhalb an der ER 1-1a gelegenen **Arieiro** erholen sich die Inselbewohner bevorzugt an den Wochenenden in einem Forstpark.

Restaurant

Vista da Baia
Rua Ten. Simas
Tel. 292 945 140
An diesem sehr beliebten Ausflugsziel gibt es würzige Grillhähnchen. Im Sommer tgl. geöffnet, im Winter nur Sa, So. ●●

Castelo Branco 9

Der kleine Ort in der Nähe des Inselflughafens verdankt seinen Namen (»weißes Schloss«) einem markanten Felsklotz am Meer. Er besteht aus Rhyolith, einem sehr hellen Vulkangestein, und entstand bei einer untermeerischen Eruption in prähistorischer Zeit, die sich ähnlich wie der Ausbruch des Vulcão dos Capelinhos abgespielt haben dürfte.

Hotel

Quinta das Buganvílias
Rua do Jogo 60
Tel. 292 943 255
www.quintadasbuganvilias.com
Gutsanlage inmitten eines Obstgartens, Zimmer im Haupthaus, Ferienwohnungen in Nebengebäuden. ●●

Pico

Nicht verpassen!

- Das feine Mosaik von Rebstöcken und Lavamauern mit Auge und Linse erfassen
- Auf einen der höchsten Gipfel im Atlantik steigen
- Wale und Delfine vom Schlauchboot aus beobachten
- Mit Kunsthandwerkern über ihre filigranen Arbeiten plaudern

Karte Seite 112

Zur Orientierung

Der Vulkankegel des **Pico** dominiert die gleichnamige Insel. Zu seinen Füßen erstreckt sich von Wacholdergebüsch überzogenes Hochland mit einsamen Kraterseen. An der flachen Felsküste verteilen sich zwischen Weingärten beschauliche Dörfer. Pico wird gern von Wanderern aufgesucht. Auch für Walbeobachtung ist die Insel berühmt. Baden steht nicht im Vordergrund, es gibt aber schöne Felsbadeplätze und Strandbuchten. Die meisten Besucher übernachten im Hauptort **Madalena**, Whalewatcher stationieren sich am besten in oder bei **Lajes.** Für längere, geruhsame Aufenthalte eignet sich **Piedade** ganz im Osten. **São Roque** ist Standort für Wanderer oder Sprungbrett für die Fährüberfahrt nach São Jorge.

Touren in der Region

Inselrundfahrt komplett

(13) Madalena › São Mateus › São João › Lagoa do Capitão › Lagoa do Caiado › Lajes do Pico › Piedade › Santo Amaro › São Roque do Pico › Zona de Adegas › Museu do Vinho

Mit einer Höhe von 2351 m ist der Pico Portugals höchster Berg

Länge: 2 Tage; 126 km
Verkehrsmittel: Den Wagen mieten Sie sich in Madalena, übernachtet wird unterwegs in Piedade.

Start und Ziel ist die wichtigste Stadt der Insel, **Madalena ›** S. 114. An der Küste entlang fahren Sie unterhalb der beeindruckenden, von dunklen Lavaströmen durchzogenen Südflanke des Pico. Nach 12 km ist **São Mateus ›** S. 118 erreicht, das Dorf der Kunsthandwerker. Etwa ebenso weit ist es dann nach **São João ›** S. 118, wo leckerer Käse hergestellt wird.

Ein Abstecher ins Hochland führt nun zu den stillen Kraterseen **Lagoa do Capitão ›** S. 122 und ***Lagoa do Caiado ›** S. 122. Dann geht es wieder hinunter an die Südküste, wo **Lajes do Pico ›** S. 119 auf dem Programm steht, mit Lunch und einem Besuch im *Museu dos Baleeiros, dem Walmuseum. Die geruhsame Weiterfahrt durch liebliche Küstendörfer endet abends in **Piedade ›** S. 120 ganz im Osten der Insel.

Aussichtsreich ist am nächsten Tag die Straße an der Nordküste. Ganz im Zeichen des Kunsthandwerks steht wiederum der Besuch in **Santo Amaro ›** S. 121. Mittags ist **São Roque do Pico ›** S. 122 erreicht, wo sich die Badeanlage beim Stadtpark zum Erfrischen anbietet. Zur Einkehr empfiehlt sich das Lokal O Rochedo. Malerische Weinbauerndörfer prägen die **Zona de Adegas** › S. 116. Ein Besuch im ***Museu do Vinho** › S. 114 bei Madalena könnte danach als Abschluss der Rundtour genau das Richtige sein.

Auf den Spuren der Walfänger

⑭ Lajes do Pico › Ponta da Queimada › Cais do Pico › São João

Länge: 2 Tage; Fahrstrecke: 1. Tag: 53 km; 2. Tag: 13 km
Verkehrsmittel: Den Mietwagen besorgen Sie sich schon in Madalena oder São Roque, ansonsten ist Lajes Ausgangs- und Endpunkt der Tour inkl. Übernachtung.

Der erste Tag beginnt mit einem Besuch im *Museu dos Baleeiros in **Lajes do Pico** › S. 119, wo man sich in die Zeit zurückdenken kann, in der Pico die Insel der Walfänger war. Anschließend können Sie in der Vigia an der **Ponta da Queimada** › S. 119 einem Walausguckposten über die Schulter schauen. Nach dem Mittagessen in Lajes, z. B. im Restaurant Lagoa, geht es quer über die Insel zur Nordküste, wo die ehemalige Walfabrik in **Cais do Pico** › S. 122 heute Museum ist.

Am zweiten Tag stechen Sie ab Lajes zum Whalewatching in See. Am Nachmittag bleibt noch Zeit für das Privatmuseum eines britischen Meeresbiologen in **São João** › S. 118, wo Sie die gewonnenen Erkenntnisse über Wale und Delfine vertiefen können.

⑬
Inselrundfahrt komplett Madalena › São Mateus › São João › Lagoa do Capitão › Lagoa do Caiado › Lajes do Pico › Piedade › Santo Amaro › São Roque do Pico › Zona de Adegas › Museu do Vinho

⑭
Auf den Spuren der Walfänger Lajes do Pico › Ponta da Queimada › Cais do Pico › São João

Verkehrsmittel

■ **Flughafen:** Der Aeroporto do Pico (PIX) liegt 8 km östlich von Madalena (keine Busanbindung, Taxi ca. 10 €). Die SATA fliegt je ca. 1 x tgl. von Pico nach Ponta Delgada (São Miguel) und nach Terceira. Nach Faial und São Jorge gibt es keine direkten Flüge.

■ **Schiffsverbindungen:** Ab Madalena verkehren Personenfähren nach Horta (Faial) ganzjährig ca. 5 x tgl. Nach Velas (São Jorge) geht es von São Roque (z. T. auch von Madalena) ganzjährig ca. 2 x tgl. Autofähren der Atlântico Line fahren ab São Roque Mitte Mai bis Ende Sept. 2–4 x pro Woche nach Horta.

■ **Busse:** Ab Madalena verkehren Busse auf der Nordroute (São Roque – Santo Amaro – Piedade) und der Südroute (São Mateus – Lajes – Ribeirinha) jeweils Mo bis Fr 2 x tgl, Sa, So 1 x tgl.

Wichtige Adressen

Offizielles Infobüro:

■ **Posto de Turismo,**
9950-329 Madalena,
Gare Marítima da Madalena,
Tel. 292 623 524,
Juni–Sept. tgl. 8–18,
Okt.–Mai Mo–Do 9–12.30,
14.30–17.30 Uhr.
Im Fährterminal des Hafens.

Büro der Fluggesellschaft SATA:

■ **Madalena**
Rua D. Maria da Glória Duarte,
Tel. 292 622 411.

Unterwegs auf Pico

Madalena 1

Picos wichtigster Ort (2000 Einw.) ist eine angenehme Kleinstadt. An den alten Hafen grenzt der Hauptplatz, der Largo Cardeal Costa Nunes, mit der weißen **Igreja Santa Maria Madalena.** Etwas außerhalb, am neuen Kai, legen Tunfischfänger und Personenfähren von Faial und São Jorge an.

10 An der Straße zum Flughafen logiert in einem romantischen Karmeliterkonvent (17. Jh.) das ***Museu do Vinho.** Das Weinmuseum dokumentiert mit Gerätschaften und Fotos aus alten Zeiten Interessantes rund um den berühmten Verdelho und andere Weine, deren Trauben auf winzigen, durch Trockensteinmauern geschützten Parzellen im Umland reifen. (Rua do Carmo; Di–Fr 9.15–12.30, 14–17.30, Sa, So 9.15–12 Uhr, Fei geschl.; Eintritt 2 €, So frei). In der Nähe stehen riesige **Drachenbäume** *(dragoeiros)*, deren rotes Harz früher als »Drachenblut« ein begehrter Farbstoff war.

Der alte Hafen von Picos wichtigstem Ort mit der Igreja Santa Maria Madalena

Ein Spaziergang von ca. 1,5 Std. führt vom Zentrum zur oberhalb der Stadt am Waldrand gelegenen **Quinta das Rosas.** Der idyllische Park wird derzeit umgestaltet.

Südlich der Stadt, beim Dorf Criação Velha, wurde mit der erst 1990 entdeckten **Gruta das Torres** die größte Lavahöhle Portugals für Besucher erschlossen. Die fast 4,5 km lange Hauptröhre ist bis zu 15 m hoch. Im *Centro de Visitantes* (Besucherzentrum) erfolgt eine Einweisung, dann geht es in Begleitung eines Führers auf einen abenteuerlichen 45-minütigen Rundweg. Jeder der maximal zwölf Teilnehmer trägt sein eigenes Beleuchtungssystem. Wanderstiefel werden empfohlen (www.montanheiros.com; 15. Juni bis 15. Sept. tgl. 10–18, sonst Di bis Sa 14–17.30 Uhr; Eintritt 5 €).

Info

Website der Stadt:
www.cm-madalena.pt

Hotels

■ **Pocinhobay**
Monte
Tel. 292 629 135
www.pocinhobay.com
Echt gut! **Wunderschön gelegene Design-Ferienanlage** im Stil eines traditionellen Weinguts von Pico, 5 km südlich von Madalena in der Kiesstrandbucht von Pocinho. Es gibt nur sechs Zimmer, die bewusst dunkel gehalten sind. Kein Restaurant, ein Mietwagen ist zu empfehlen. ●●●

■ **Hotel Residencial Caravelas**
Rua Conselheiro Terra Pinheiro 3
Tel. 292 628 550
www.hotelcaravelas.com.pt
Komplett renoviertes, modernes Hotel in Hafennähe, alle Zimmer mit kleinem Balkon und Meerblick. Es gibt einen Außenpool, nur Frühstück und kein Restaurant. Erstes Haus am Platz. Hier steigen sowohl Touristen als auch Geschäftsreisende ab. ●●

■ **Residência Mini Bela**
Av. Machado Serpa 18
Tel. 292 622 286][Fax 292 623 521
Klein und sehr einfach. ●

Restaurants

■ **O Ancoradouro**
Areia Larga
Tel. 292 623 490
Echt gut! **Hervorragendes Fischlokal** 1,5 km südlich von Madalena gelegen.
Mi geschl. ●●

■ **O Luís**
Rua Padre N. da Rosa
Tel. 292 623 901
Modernes Lokal mit Veranda, Inselküche. Tgl. geöffnet. ●●

■ **A Parisiana**
Rua A. Herculano
Tel. 292 623 771
Schöner Blick von der Terrasse auf Faial, azorianische Küche. Mittags, teilweise auch abends, gibt es ein Buffet.
Tgl. geöffnet. ●●

Shopping

Tito's
Av. Machado Serpa 2
Der Laden hält eine nette Auswahl an inseltypischen Souvenirs bereit.

Badeplätze auf Pico

Echt gut!

■ Die **Piscina Municipal** von **Madalena** um einen natürlichen Felspool ist mit sanitären Einrichtungen und einer Terrassenbar ausgestattet (Rua A. Herculano, am Südrand der Stadt; Mitte Juni bis Mitte Sept., Eintritt frei).

■ Die romantische Felsbucht von **Pocinho,** 5 km südlich von Madalena, hat einen Kiesstrand und eine Badeplattform. Duschen sind vorhanden.
› S. 115 (Hotels)

■ Der kiesige Strand im benachbarten **Calhau** bietet hervorragende Schnorchelbedingungen. › S. 116

■ Der **Porto da Prainha** oder **Porto de São Caetano** (östlich von São Mateus) wird kaum noch als Fischerhafen, dafür aber im Sommer als Badeplatz genutzt. Duschen und Café sind vorhanden.

■ Das städtische Schwimmbad von **São Roque do Pico** am Jardim Municipal ist ein Naturbadebecken. Eintritt frei. › S. 122

■ In der kleinen Bucht von **Furna de Santo António,** westlich von Cais do Pico, lädt ein Naturschwimmbecken zum Bad ein. Nebenan gutes Restaurant. › S. 122

Ausflüge ab Madalena

Calhau 2

An die Küste vor Criação Velha führt eine Wanderung (1,5 Std.), die mit Badepausen beliebig kombinierbar ist. Aus Madalena heraus geht es Richtung Süden auf einer Nebenstrecke durch Wohngebiete. Sobald die Straße landeinwärts abbiegt, läuft man geradeaus am felsigen Meeresufer weiter. Ein Abstecher auf einem von Mauern gesäumten Feldweg ist auf Höhe Criação Velha möglich, wo der **Moinho do Frade,** eine historische Windmühle, im Sommer manchmal zu besichtigen ist. Wieder an der Küste, dehnen sich linker Hand Weinfelder aus. Bald wird eine hübsche Badestelle passiert. Dann ist der **Monte** (135 m) landeinwärts zu umgehen. An seiner Südflanke läuft man rechts zur Strandbucht **Pocinho** und weiter bis **Calhau.**

Zona de Adegas

An der Küste nördlich von Santa Luzia liegt die Zona de Adegas mit einer Reihe **idyllischer Weinorte,** deren einfache Basaltbauten nur den Sommer über bewohnt sind. In ihren kühlen Räumen werden Weinfässer gelagert und die für den Privatbedarf gekelterten Tropfen auch gleich an Ort und Stelle genossen.

Echt gut!

Wild donnern die Wellen bei **Porto Cachorro** in ein Labyrinth aus bizarren Basaltformationen. *Cachorro* bedeutet Hund. Ein solcher wacht als erstarrte Lavaskulptur über den Hafen. Schwarz glitzern die Felsen an der Ponta Negra bei **Arcos**, während weiße Mauerfugen dem Ort sein typisches Bild geben. Die nur 50 Häuser von **Cabrito** stehen neben einem unwirtlichen Lavafeld.

Furna de Frei Matias

Sanft steigt die ER3 von Madalena Richtung Osten an, auf den mächtigen Kegel des Pico zu. Nach ca. 8 km liegt rechter Hand eine Wiesenparkbucht. Von Feldern umgeben, öffnet sich dort abseits der Straße, hinter einem Viehgatter, der Eingang zur **Furna de Frei Matias**. Der schmale Lavatunnel ist mehrfach blasenartig nach oben aufgebrochen. Geheimnisvoll wirken die mit Moos und Farn bewachsenen Eingänge. Ein kurzes Teilstück ist begehbar, festes Schuhwerk und möglichst auch eine Taschenlampe vorausgesetzt. Wer mit dem Taxi gekommen ist, kann jetzt auf bequemen Wegen 600 Höhenmeter zu Fuß nach Madalena absteigen, erst auf der Straße abwärts bis zur folgenden Linkskurve und dann einen Feldweg rechts hinab. Der Weg quert die Straße nochmals und verläuft dann fast gerade bis zu einem asphaltierten Querweg. Auf diesem hält man sich rechts, gleich wieder links und weiter bergab. Auf einem weiteren asphaltierten Querweg geht es 30 Min. später nach rechts zu einer Straße, auf dieser ein kurzes Stück links und bei einem großen Steinhaufen rechts auf ei-

Karte Seite 112

***Weinbau auf Lava

Zu Schiff aus Madeira kam Pater Frei Pedro Gigante 1460 nach Lajes do Pico. Er brachte Setzlinge der Rebsorte Verdelho mit, aus deren Trauben bis heute Weißwein gewonnen wird. Großen Aufschwung nahm die Rebkultur nach den Vulkanausbrüchen von 1719. Zugewanderte Bauern aus Terceira, Nordportugal und Flandern verwandelten Lavafelder in fruchtbare Weinterrassen. Dazu musste der Boden vom gröbsten Gestein befreit werden. Besonders im Westen Picos fallen auch heute noch die dabei entstandenen großen Steinhaufen *(moroiços)* auf. Außerdem wurden Trockensteinmauern rund um die Felder gezogen. Sie schützen die Weinstöcke vor den teilweise sehr heftigen Winden und der salzigen Meeresgischt und sorgen für gleichbleibend hohe Temperaturen im Boden, da sie die Sonnenwärme für die Nacht speichern. 2004 nahm die UNESCO dieses Kunstwerk der Agrar-Architektur in die Liste des Welterbes auf.

Die Trauben liefern einen alkoholreichen Wein. Jahre der Reife verwandeln ihn in einen Aperitif, der im 19. Jh. nach Europa und Amerika ausgeführt wurde und selbst an der Tafel der russischen Zaren Zuspruch fand. Rund 15 000 Fässer produzierte man pro Jahr, bis Schädlingsbefall den Weinbau fast ruinierte. Heute erholt er sich langsam wieder mit neuen Sorten und Produktionsmethoden. **Qualitativ hochwertige Weine sind der weiße Terras de Lava und der rote Basalto.** Beide werden von der Cooperativa Vitivínicola da Ilha do Pico in Madalena abgefüllt (www.picowines.net).

Windmühle auf der Insel Pico

nem gewundenen Fahrweg zwischen zwei kleinen Vulkankegeln. Dann gelangt man zur **Quinta das Rosas** › S. 114 und steigt an der Rückseite auf einem lauschigen Waldweg bis zur ER 1 am oberen Rand von Madalena ab.

Wanderung auf den **Pico

Echt gut! **Eines der aufregendsten Azorenerlebnisse** verspricht die sechsstündige Tour zum höchsten Gipfel Portugals, dem **Pico.** Aus Sicherheitsgründen ist der Aufstieg nur nach vorheriger Anmeldung erlaubt. Diese erfolgt zwischen Juni und Sept. in 1200 m Höhe in der **Casa de Apoio** an der südlichen Bergflanke, sonst bei der Feuerwehr in Madalena (ER-1 Richtung Flughafen, Tel. 292 628 300). Da der Aufstiegspfad bei Nebel schwer zu finden ist, empfiehlt es sich, einen Führer zu engagieren (Vermittlung im Posto de Turismo in Madalena). Die Casa de Apoio, die auch eine kleine vulkanologische Ausstellung zeigt, liegt am Ende einer schmalen Zufahrtsstraße (ab ER-2 ausgeschildert). Es geht über die Südflanke des Pico zum Picinho (2351 m), dem kleinen Vulkankegel, der den eigentlichen Gipfel bildet. Der Weg ist durch die Vulkanasche sehr rutschig.

São Mateus 3

Schon Ende des 15. Jhs. wurde die Siedlung an der milden Südküste von Pico angelegt. 1572 war das Gründungsjahr der Pfarrkirche, die dem hl. Matthäus geweiht ist. Im 19. Jh. wurde der Bau erweitert, um den gewachsenen Pilgerstrom aufnehmen zu können, der jedes Jahr am 6. August São Mateus aufsucht, um den Wundertätigen Christus *(Bom Jesús Milagroso)* zu verehren.

Shopping

PicoArtes
Rua Mãe de Deus][Tel. 292 699 00
www.picoartes.com
São Mateus ist Zentrum des traditionellen Kunsthandwerks. Viele Frauen im Ort widmen sich dem Häkeln *(crochet)* oder Sticken *(bordado).* Ihre Produkte stehen hier zum Verkauf.
Tgl. 9–19, im Winter bis 18.30 Uhr.

São João 4

Charakteristisch für Pico sind die *mistérios* (»Geheimnisse«). Diese dunklen Lavaströme, die sich von den Flanken des vulkanischen Inselgebirges Richtung Meer wälzten und unterwegs zu bizarren Gesteinsfeldern erstarrten, stellten die frühen Siedler vor ein Rätsel.

São João ist gleich von zwei dieser Mistérios umgeben, die 1718 entstanden und damals große Teile des Ortes zerstörten. Heute sind die Lavafelder dicht mit Wald und Gebüsch bedeckt. Im **Mistério de São João** westlich des Ortes lädt ein Forstpark mit Grillstelle zum Picknick ein, und ein Tiergehege gibt es auch.

Der englische Meeresbiologe Dr. Malcolm Clarke eröffnete als Ruheständler in seiner Wahlheimat São João das **innovative Malcolm Museo.** Schwerpunkte des Forschers sind Pottwale *(cachalotes)* und Tintenfische *(lulas)*, speziell die Riesenkraken der Tiefsee (http://bienal-baleias.org/malcolm; geöffnet nur Juni–Okt. Mo-Fr 9.30–12.30, 14–17.30 Uhr, Sa/So geschl.; Eintritt 5 €).

Restaurant

Marisqueira de São João
Rua do Porto
Tel. 292 673 116
Eines der besten Fischrestaurants auf Pico, Fisch und Meeresfrüchte werden nebenan im Hafen angelandet. Tgl. geöffnet. ●●

Shopping

Soc. de Produção de Lacticínios
Rua Principal (Durchgangsstraße, gegenüber vom Rathaus)
Hier wird der leckere Pico-Käse direkt ab Molkerei verkauft › S. 46.

Lajes do Pico 5

1987 wurde der letzte Pottwal in Lajes an Land gezogen. Die ehemalige Walfabrik SIBIL am westlichen Ortseingang firmiert heute als **Centro de Artes e de Ciências do Mar.** Auf Hochglanz poliert sind hier die Maschinen zu sehen, die zum Zerlegen und Aufbereiten der Wale dienten (Sommer tgl. 10–19, sonst 10–18 Uhr, Eintritt 2,50 €). Schräg gegenüber am Hafen steht das restaurierte **Forte de Santa Catarina,** die einzige erhaltene Festung auf Pico (Ende 18. Jh.). Schon 1885 war sie nutzlos geworden. Ein Kalkofen wurde hineingebaut, um den von der Insel Santa Maria angelieferten Kalk zu brennen.

Vor dem Stadtzentrum in den ehemaligen Bootshäusern der Walfänger zeigt das ***Museu dos Baleeiros** ein Fangboot mit Originalwerkzeugen, Fotos aus der Walfangära und Produkte, die aus dem Pottwal gewonnen wurden. Zu sehen sind Scrimshaws (gravierte Walzähne › S. 41) und eine Schmiede für Lanzen- und Harpunenspitzen (Rua dos Baleeiros 13, Tel. 292 672 276; Di–Fr 9.15 bis 12.30, 14–17.30 (Winter nur bis 17), Sa, So 14–17.30 Uhr; Eintritt 2 €).

Etwas außerhalb, an der **Ponta da Queimada**, die die Südspitze von Pico bildet, steht unterhalb der Straße das weiße Häuschen der **Vigia da Queimada** (Walausguck › S. 34). In einem 200 Grad-Radius sind bei guter Sicht bis zu 35 km entfernte Wale zu sehen.

Erinnerung an die Vergangenheit: Modell eines Walfangbootes

Info

Posto de Turismo
Forte de Santa Catarina
www.municipio-lajes-do-pico.pt
In der Touristeninformation werden auch Kunsthandwerk und Bücher über die Azoren verkauft. Öffnungszeiten: Mo–Fr 10–17, Sa, So 11–15 Uhr, Winter Mo–Fr 9–12, 13.30–17.30, Sa 9–13 Uhr. Falls geschlossen, Infos gegenüber beim Centro de Artes e das Ciências do Mar.

Insel der Walfänger

Der Beruf des Walfängers – früher ein wichtiger Nebenverdienst für viele Familien – gehört auf den Azoren heute der Vergangenheit an. Noch in den 1950er-Jahren zogen die Azorianer rund 700 Pottwale jährlich an Land, davon mehr als 200 auf Pico. Dann ließ zuerst der Ersatz des Waltrans durch Petroleum das Geschäft zurückgehen. Später ächteten Naturschutzorganisationen weltweit die Waljagd. 1987 stellten die Azorianer freiwillig den Walfang komplett ein.

Hotels

■ **Hotel Aldeia da Fonte**
Silveira][Rua Caminho de Baixo
Tel. 292 679 500
www.aldeiadafonte.com
Schöne Anlage im traditionellen Baustil, ca. 4 km westlich von Lajes zwischen Weinbergen direkt am Meer. ●●

■ **Pensão Residencial Whale'come ao Pico**
Rua dos Baleeiros
Tel. 292 672 010
http://hotel.espacotalassa.com
Das kommunikative Gästehaus gehört zur Walbasis › S. 34. Fast alle Zimmer mit schönem Meer- und Pico-Blick, Garten mit Grill. ●●

Restaurant

Lagoa
Largo de São Pedro 2
Tel. 292 672 272
Immer gut besucht. Im Sommer mittags meist Buffet. ●

Piedade 6

Piedade (900 Einw.) lohnt wegen des romantischen **Parque Matos Souto** mit Picknicktischen und Bänken den Besuch. Um den Ort gedeiht der Taro *(inhame)* mit riesigen Blättern. Seine stärkehaltige Wurzel wird gekocht als Beilage zu Räucherwurst gegessen.

An der ER 1 Richtung Santo Amaro liegt 6 km westlich der spektakuläre **Miradouro Terra Alta.** Aus 415 m Höhe über dem Atlantik blickt man von seiner Plattform auf São Jorge.

Hotels

■ **L'Escale de l'Atlantic**
Morro de Baixo][Tel. 292 666 260
www.escale-atlantic.com
Landgasthaus unter französischer Leitung in dem kleinen Ortsteil Calhau. Individuelles Wohnen mit Meerblick und absoluter Ruhe. Mai–Sept. ●●

■ **O Zimbreiro**
Caminho do Cruzeiro 83
(im Ort ausgeschildert)
Tel. 292 666 709
www.zimbreiro.com
Hotel inmitten unverbrauchter Natur, von Belgiern geleitet. Von der Terrasse ein **unvergleichlicher Meerblick.** Abendessen auf Vorbestellung; örtliche Produkte oder Bio-Qualität. Gut eingerichtete Zimmer, Süßwasserpool, Gratis-Internetanschluss. ●●

cht gut!

■ **Pico Holiday Chalets**
Caminho do Calhau 37
Tel. 292 666 599
www.picourlaub.de
Leslie und Oliver Dittmers aus Hamburg vermieten drei Ferienhäuser und ein Apartment auf ihrem Landgut, wo sie selbst Obst und Gemüse anbauen. Auf Wunsch werden Wanderungen, Whalewatching, Segeln und Tauchen organisiert. ●

Shopping

O Oleiro
Beim Hotel O Zimbreiro
Der belgische Keramiker François Lebon betreibt die freundliche Töpferei.

Ponta da Ilha

Zwischen Piedade und Fetais biegt von der ER 1 ein Fahrweg nach Manhenha mit seinem winzigen Naturschwimmbad und weiter zur Ponta da Ilha ab, dem östlichsten Punkt von Pico mit Leuchtturm. Weinparzellen überziehen die flachen Küstenhänge, im Sommer beleben sich die Adegas (Weinkellereien).

Restaurant

Ponta da Ilha
In der Nähe des Leuchtturms
Tel. 292 666 708
Familiär geführtes Lokal mit rustikaler Note. Den Fisch fängt der Wirt selbst. Tgl. geöffnet. ●

Santo Amaro 7 und Prainha 8

Geschäftigkeit herrscht in **Santo Amaro** in der **Escola Regional de Artesanato.** Techniken traditionellen Kunsthandwerks werden hier an Schüler vermittelt, und eine Ausstellung macht mit dem bäuerlichen Leben früherer Zeiten bekannt. Der angeschlossene Laden hat Blumengebilde aus Feigenmark oder Fischschuppen, Figuren aus Maisblättern und auch handgestickte Decken im Angebot (Tel. 292 655 115; Mo bis Fr 9–18, Winter bis 17 Uhr, z. T. auch Sa, So).

Eine Nebenstrecke folgt von Santo Amaro der Küste in die zweitälteste Ortschaft im Norden von Pico, **Prainha do Norte.** Prunkvoll vergoldete Altäre sind der Schmuck der **Igreja de Nossa Senhora da Ajuda** (18. Jh.). Die ER 1 quert dann Richtung Westen den **Mistério de Prainha,** ein 1562 entstandenes, mittlerweile überwachsenes Lavafeld. Hangaufwärts liegt das Picknickgelände **Parque Florestal.** Im Steinhaus neben der Grillstation steht eine traditionelle *atafona* (»Ochsenmühle«).

São Roque do Pico 9

In der ehemaligen Walfängerstadt mit dem Fährhafen **Cais do Pico** bilden heute Tunfischfang und Milchwirtschaft die ökonomische Grundlage. An den Kaimauern arbeitete einst die walverarbeitende Fabrik, die nun als **Museu da Indústria Baleeira** ein interessantes Zeugnis der Industriekultur darstellt. Der Speck wurde in drei Kesseln mit dem Dampf zweier Hochöfen ausgelassen, Fleisch, Innereien und Knochen in einem Ofen getrocknet, dann gepresst und zu Dünger und Tierfutter vermahlen (Rua do Poço, Tel. 292 642 096; Di–Fr 9.15 bis 12.30, 14–17.30, Sa, So 9.15 bis 12.30 Uhr; Eintritt 2 €).

Hotels

■ **Casa das Barcas**
Rua do Cais 15][Tel. 292 642 847
www.cazasdopico.com
Stilvoll renoviertes altes Stadthaus mit vier Gästezimmern und romantischem Garten. April–Okt. ●●

■ **Pensão Residencial Montanha**
Rua do Capitão-Mor
Tel. 292 642 699
2 km außerhalb von São Roque im Wald gelegene Pension. Es bietet sich ein schöner Blick über die Küste. ●

Restaurant

O Rochedo
Furna de Santo António
2 km westlich von Cais do Pico
Tel. 292 642 666
Vor dem Essen lockt ein Bad im Naturschwimmbecken. Sättigende Inselspezialitäten sind hier das Maisfladenbrot und *linguiça com inhames,* gebratene Räucherwurst mit Taro. Tgl. geöffnet. ●

Die Kraterseen des Hochlands

Von der ER2 São Roque–Lajes zweigt nach Erreichen des zentralen Hochlands die ER3 nach Madalena ab. Hier lohnt ein Abstecher zum Kratersee **Lagoa do Capitão,** nach 2 km etwas nördlich der Straße am Fuß des Lomba (861 m) gelegen, der sich bei Anglern großer Beliebtheit erfreut.

Zurück auf der ER2, hält man sich weiter südwärts, wo sehr bald eine schmale Nebenstraße zur ***Lagoa do Caiado** abzweigt. Der **idyllische See liegt inmitten einer bewegten Kraterlandschaft.** Echt gut Nord- und Südküste sind von hier aus gleichzeitig im Blick. Zu den höchsten Punkten zählt der **Pico do Topo** (1007 m).

Das grüne Wasser der rund 900 m hoch gelegenen **Lagoa do Peixinho** füllt ein weiteres Kraterbecken. Der Fahrweg (an einer Gabelung links halten) verläuft dann an der Nordseite des Höhenrückens. Allmählich geht es bergab nach Piedade › S. 120.

Blick vom Pico da Velha auf Velas

São Jorge

Nicht verpassen!

- Den herzhaften Inselkäse beim Produzenten verkosten
- Zu einsamen Küstenebenen wandern
- Durch ursprünglich gebliebene Dörfer streifen
- Kurz vor Sonnenuntergang das Panorama vom Pico da Velha auf sich wirken lassen

Zur Orientierung

São Jorge ist ein lang gestreckter Bergrücken mit einer Reihe erloschener Vulkankegel. Bis zum höchsten Gipfel, dem **Pico da Esperança** (1053 m), grasen Kühe und liefern die Milch für den weithin bekannten Käse. Wanderer fühlen sich auf der ruhigen Insel besonders wohl. Die schönsten Wege mit herrlichen Ausblicken führen hinunter zu schmalen Küstenebenen *(fajãs).*

Quartier beziehen die meisten Besucher in **Velas,** das mehr bietet als **Calheta.** Hübsche ländliche Quartiere gibt es in **Manadas** und **Rosais.** Die Bademöglichkeiten beschränken sich auf schmale Strände und winzige Fischerhäfen an den Küstenebenen.

Touren in der Region

Inselrundfahrt kompakt

15 Velas › Urzelina › Manadas › Calheta › Fajã dos Vimes › Fajã dos Cubres › Beira › Pico da Velha

15 **Inselrundfahrt kompakt** **Velas › Urzelina › Manadas › Calheta › Fajã dos Vimes › Fajã dos Cubres › Beira › Pico da Velha**

Länge: 1 Tag; 106 km
Verkehrsmittel: Mietwagen oder Taxi.

Von **Velas** › S. 126 geht es über die Südküstenorte **Urzelina** › S. 128 und **Manadas** › S. 128 in die zweite Hafenstadt von São Jorge, **Calheta** › S. 129. Echte Sehenswürdigkeiten liegen nicht am Weg, dafür gefällt die unverdorbene Kulturlandschaft. Dies gilt insbesondere für den weiteren Küstenverlauf, wo ein Abstecher zur abenteuerlich gelegenen **Fajã dos Vimes** › S. 129 führt.

Zurück bei Calheta, wird der zentrale Bergrücken überquert. Ein weiterer Abstecher führt zu der wohl berühmtesten Küstenebene von São Jorge, der **Fajã dos Cubres** › S. 131. Oberhalb der Steilküste geht es durch grüne Weidegebiete nach **Beira** › S. 127, dem Käseort der Insel.

Schließlich können Sie einen Abstecher zum Aussichtsgipfel **Pico da Velha** › S. 127 machen, wo abends die Sonne am günstigsten für den Panoramablick Richtung Velas steht.

Die schönsten Wanderungen

16 Parque das Sete Fontes › Ponta dos Rosais › Fajã dos Cubres › Pico da Esperança

16 Die schönsten Wanderungen **Parque das Sete Fontes › Ponta dos Rosais › Fajã dos Cubres › Pico da Esperança**

Länge: 3 Tage; Fahrstrecke/ Wanderzeit: 1. Tag: 22 km/ 4 Std., 2. Tag: 70 km/4 Std., 3. Tag: 44 km/4,5 Std.
Verkehrsmittel: Taxi, 1. Tag auch Mietwagen möglich.

Auf der ersten Wanderung, vom **Parque das Sete Fontes** zur **Ponta dos Rosais** › S. 127 im äußersten Westen der Insel, sind kaum Höhenunterschiede zu bewältigen. Sicheren Tritt hingegen erfordert der steile Abstieg zu den Küstenebenen des Nordens und zur **Fajã dos Cubres** › S. 131. Die Gipfel des **Pico da Esperança** › S. 131 erschließt eine mittelschwere Höhenwanderung.

Verkehrsmittel

- **Flughafen:** Auf São Jorge (SJZ) liegt er 7 km südöstl. von Velas (kein Bus, Taxi ca. 6 €). Die SATA fliegt 1 x tgl. nach Ponta Delgada (São Miguel) und Terceira.
- **Schiffsverbindungen:** Personenfähren fahren ab Velas über São Roque (Pico) und z.T. Madalena (Pico) nach Horta (Faial) ganzjährig ca. 2 x tgl.

  Autofähren verkehren ab Velas Mitte Mai bis Ende Sept. 2–3 x pro Woche nach Graciosa und Praia da Vitória (Terceira).
- **Busse:** Von Velas nach Rosais auf der Südroute (Calheta – Topo) und der Nordroute (Norte Pequeno – Calheta) Sa jeweils 1 x tgl.

Wichtige Adressen

- **Posto de Turismo**
  Velas, Rua Dr. J. Pereira 3,
  Tel. 295 412 440,
  Mo–Fr 9–12.30, 14–17.30 Uhr.

- **Büro der Fluggesellschaft SATA**
  Velas, Rua de Santo André,
  Tel. 295 412 125.

Unterwegs auf São Jorge

Velas 1

Seit 1799 empfängt das **Portão do Mar** die Besucher, die im Hafen der Hauptstadt (2000 Einw.) an Land gehen. Die **Igreja Matriz de São Jorge** wurde im 17. Jh. über einer Kirche von 1460 errichtet, die Heinrich der Seefahrer hatte erbauen lassen. Im geschnitzten, vergoldeten Altar (16. Jh.), einem Geschenk von König Sebastião, steht Sankt Georg, der Namenspatron der Insel.

Hotels

- **Hotel São Jorge Garden**
  Rua Machado Pires
  Tel. 295 430 100
  hotelsjgarden@mail.telepac.pt

Meeresrauschen und Blick zum Pico inbegriffen. ●●

■ **Residencial Neto**

Rua Dr. J. Pereira 12

Tel. 295 412 403

www.acores.com/residencialneto

Familiäre Unterkunft in einem alten Handelshaus am Hafen von Velas; mit Pool. ●

Restaurants

■ **Açor**

Largo João Pereira

Tel. 295 412 362

www.restauranteacor.com

Modernes Lokal am Kirchplatz. Fisch- und Fleischspezialitäten vom Grill. Tgl. geöffnet. ●●

■ **Cervejaria São Jorge**

Rua Maestro F. Lacerda 31

Tel. 295 412 861

Beliebtes Lokal, mit Regionalküche wie etwa Napfschnecken *(lapas)*. Tgl. geöffnet. ●

■ **Velense**

Rua Dr. J. Pereira

Tel. 295 412 160

Nettes Restaurant über der Bar. Die Muschelgerichte gibt es auf Bestellung. Tgl. geöffnet. ●

Beira

Die Hallen der 3 km nördlich von Velas in Beira gelegenen ***Cooperativa Leitaria** gehören zur **ältesten Käsefabrik Portugals** von 1927 › S. 46. Sie kann besichtigt werden (Mo–Fr 9–12, 14–17 Uhr, Eintritt 1,50 € mit Käseprobe; www.lactacores.pt). Im nahe gelegenen Kühlhaus der **Uniqueijo,** der Vereinigung aller Käse produzierenden Genossenschaften von São Jorge, lagern die Laibe, bis sie die richtige Reife für den Export erreicht haben.

Echt gut!

Rosais 2

Der Ort selbst bietet nichts Aufregendes, aber nahe der Kirche zweigt die Straße in den **Parque das Sete Fontes** ab. Die Skulptur eines Walfängerbootes trägt dort die auf Fliesen gemalte Kopie des Gemäldes *Os Emigrantes* von Domingos Rebelo (Original in Ponta Delgada im Museu Carlos Machado, › S. 57). Picknicktische stehen unter Baumfarnen, Quellen spenden Wasser.

Ganz in der Nähe liegen zwei Aussichtspunkte. Am ersten schweift der Blick aus rund 300 m Höhe über das Meer. Der zweite, **Pico da Velha** (493 m) auf dem Inselrücken, bietet besonders **abends ein grandioses Panorama** Richtung Velas.

Echt gut!

An der Westspitze **Ponta dos Rosais** erhebt sich die einsturzgefährdete Ruine eines Leuchtturms. Von nebenan beeindruckt der Blick die Steilküste hinab.

Am schönsten erwandert man die Strecke (4 Std.) auf dem Hinweg auf einem holprigen Fahrweg ab dem Parque das Sete Fontes. Für den Rückweg gibt es eine schöne Alternative. Dazu biegt man knapp 1 km ab Leuchtturm rechts in einen Feldweg ein, der wunderbare Ausblicke bietet und später auf die Zufahrtsstraße zum Parque das Sete Fontes trifft. Hier läuft man ca. 600 m Richtung Rosais und schwenkt dann links in einen Weg ein, der an der Ostflanke des Pico da Velha vorbei zum Ausgangspunkt zurückführt.

Hotel

Casa de Campo Correia
Ribeira do Belo 9][Tel. 917 421 830
Das 200 Jahre alte Natursteinhaus mit drei Schlafzimmern, Wohnzimmer und Küche wird komplett vermietet (für max. 6 Personen). Außerdem stehen Apartments für 2 Personen zur Verfügung. ●

Urzelina 3

Seit einem Vulkanausbruch 1808 ragt von der alten Kirche nur noch der Glockenturm aus der erstarrten Lava, ein Neubau wurde 1822 errichtet. Fast so sicher wie im türkisfarbenen Wasser der **Piscina** schwimmt man im Hafenbecken. Das **Centro de Exposição Rural,** ehemals ein Lagerhaus, zeigt Utensilien alter Handwerksberufe (falls geschlossen, in der Casa do Povo nachfragen).

Camping

Ein schattiger **Campingplatz** befindet sich auf einer weiten Grasterrasse über den Lavafelsen der Küste **(Caminho do Porto, Tel. 295 414 401; Juni–Sept).**

Restaurant

O Manezinho
Canada do Açougue
Tel. 295 414 484
Echt gut! Man bedient sich **am köstlichen Buffet und speist im sanften Schatten einer Pergola** auf einer Terrasse östlich des Hafens am Meer; auch à la carte. Mo geschl. ●●

Shopping

Cooperativa de Artesanato
Ribeira do Nabo (einige Kilometer außerhalb von Urzelina)
Tel. 295 414 357
Handgefertigte Tücher und Wandteppiche. Mo–Fr 9–12, 14–17 Uhr.

Manadas 4

In dem kleinen Ort (500 Einw.) überrascht die **Igreja Santa Bárbara.** Goldene und vielfarbige Ornamente überziehen die Wände. Ein wunderschöner Holztisch von 1799 mit Einlegearbeiten ziert den ältesten Teil der Kirche, die heutige Sakristei. (Mo–Fr 9 bis 12, 14–17 Uhr; Schlüssel im Haus neben dem Heiliggeisttempel).

Ein holpriger Fahrweg führt nach Osten entlang der Küste und endet unvermittelt oberhalb von **Fajã das Almas.** 100 m tiefer lädt die winzige Fischersiedlung zum Verweilen am Meer und Baden im Hafen ein.

Hotel

Jardim do Triângulo
Terreiros 91][Tel. 295 414 055
www.ecotriangulo.com
Im ruhigen Ortsteil Terreiros am Meer vermietet ein Hamburger Paar ein Studio für Selbstversorger und vier Gästezimmer. Gut bestücktes Frühstücksbuffet, Veranstaltung von Wanderwochen. ●●

Calheta 5

Die fehlenden Sehenswürdigkeiten gleicht Calheta (2000 Einw.), das noch sehr durch die Fischerei geprägt ist, durch Charme und Ursprünglichkeit aus.

Das **Museu Francisco de Lacerda** zeigt volkskundliche Exponate aus mehreren Jahrhunderten, unter denen die Sammlung von Francisco Lacerda aus Calheta hervorsticht (Tel. 295 416 323, Mo–Fr 9–17.30 Uhr, Eintritt frei).

Camping

Bei den Naturschwimmbecken am Hafen gibt es einen **Campingplatz** mit Zelt- und Fahrradverleih **(Tel. 295 416 711; Juni–Sept.)**.

Hotel

Residencial Solmar
Rua Domingos d'Oliveira 4
Tel. 295 416 120
www.residencialsolmar.com
Frisch renovierte Pension, zentrale Lage, erstes Haus am Platz. ●

Restaurant

Os Amigos
Rua José Azevedo da Cunha
Tel. 295 416 421
Über dem Meer gelegen, einfacher Rahmen. Bemerkenswerte Steaks, *alcatra* (Fleischkasserolle), Muscheln. Mo abends geschl. ●●

Auf den flachen Fajãs begann die Besiedelung von São Jorge

Ribeira Seca und Fajã dos Vimes

Eine schmale Küstenstraße führt von Calheta ins 5 km entfernte **Ribeira Seca** **6**. **Architektonischer Höhepunkt** ist die **Casa Gaspar Silva** von 1905, das einzige Haus der Azoren, das im französischen Kolonialstil erbaut wurde. Die Fassade ist mit Azulejos überzogen, das Giebeldach zeigt kunstvoll geschnitzte Holzgesimse.

Echt gut!

11 **Fajãs

Nur wenige Meter über dem Meerespiegel liegen die *fajãs,* fruchtbare schmale Landstreifen unterhalb der Steilküste, die sich rund um das Hochland von São Jorge zieht. Die breiten Schwemmfächer – knapp 50 davon gibt es rund um die Insel – haben sich an der Mündung steiler Schluchten gebildet. Lange Zeit wurden sie dank des milden Klimas, das den Anbau von Bananen und Kaffee erlaubt, intensiv landwirtschaftlich genutzt. Wegen ihrer relativen Unzugänglichkeit wurden viele Fajãs in den letzten Jahrzehnten aufgegeben und werden jetzt von Wanderern wiederentdeckt.

Auf der Weiterfahrt nach Osten geht es durch ein landwirtschaftlich geprägtes Gebiet mit alten Steinhäusern und kleinen Feldern. Im einsamen Dorf **Fajã dos Vimes** 7 füllen sich einmal im Jahr, am 16. Juli, bei der Prozession zu Ehren der von den Fischern verehrten Karmeljungfrau *(Nossa Senhora do Carmo),* die Gassen.

Echt gut!

Wandertouren auf São Jorge

- Von **Rosais** › S. 127 führt ein alter Weg in steilen Serpentinen rund 400 Höhenmeter zu den Weinbergen und wenigen Häusern von **Fajã do João Dias** an der Nordküste hinunter (Gesamtgehzeit mit Rückweg 3 Std.).
- 800 Höhenmeter fast nur bergab geht es auf dem relativ einfachen Weg vom höchsten Punkt der Passstraße ER 3-2 Urzelina–Norte Grande, beim **Pico das Caldeirinhas,** bis nach **Velas** (4 Std.).
- Ganz bequem läuft man in 3,5 Std. von **Velas** › S. 126 nach **Manadas** durch flachwellige Kulturlandschaft, folgt Feldwegen und Pflasterpfaden und berührt auch die wenig befahrene alte Küstenstraße.
- Die Tour über den alten Südküstenweg von **Fajã dos Vimes** › S. 129 nach **Fajã de São João** dauert ca. 4 Std. und verlangt dem Wanderer einiges an Kondition und auch Schwindelfreiheit ab. Zwischenzeitlich verlässt man in Lourais die unmittelbare Küste und umgeht auf Fahrwegen einen erdrutschgefährdeten Wegabschnitt.

Shopping

Casa de Artesanato
Fajã dos Vimes
Frauen fertigen an altertümlichen Webstühlen *colchas de ponto alto,* geometrisch gemusterte Wandteppiche › S. 41. Tgl. 8–20.30 Uhr.

Echt gut

Zur Ostspitze

Unterwegs auf der ER 2-2 von Calheta Richtung Osten bietet ein Aussichtspunkt auf dem Inselrücken einen schönen Blick hinunter zu den drei Ortsteilen von **Lourais** und zu den dortigen *fajãs.* Wildromantisch präsentiert sich **Fajã de São João** 8, wohin eine abenteuerliche Straße hinunterführt. Nur noch wenige Menschen leben dort. Sie treffen sich im schlichten Café Águeda.

In **Cruzal,** kurz vor Santo Antão, mahlt noch eine Wassermühle Mais. Am letzten Zipfel der Insel, in **Topo** 9, begann die Kolonisierung von São Jorge, als sich 1470 der Flame Wilhem van der Hagen hier niederließ. Unbedingt sollte man die steilen Serpentinen zum alten Walfängerhafen **Cais do Topo** hinuntergehen. Die Brandung schliff hier eine Grotte in die roten Lavaklippen. Vor der Ostspitze, der Ponta do Topo, ragt der **Ilhéu do Topo** aus dem Meer. Das Felseiland ist Naturschutzgebiet und Brutplatz für Seevögel.

Restaurant

O Baleeiro
São Pedro (1 km nördl. von Topo)
Schlichtes Lokal mit rustikaler Küche. ●

Karte Seite 124

Von São Jorges Nordküste stammt ein bekannter Käse

Die Nordküste

In **Norte Pequeno** **10** lohnt ein Besuch der genossenschaftlichen Käserei **Cooperativa Agrícola de Lacticínio.** Ein Abstecher zur Küste führt nach **Fajã dos Cubres** **11**. Über den teilweise verfallenen Häusern ragt dort die 1908 errichtete Igreja Nossa Senhora de Lourdes auf.

cht gut!

Fajã dos Cubres kann auch erwandert werden (4 Std.). Der Weg beginnt an der ER 2-2 Richtung Topo, etwa 8 km östlich von Calheta. Nach steilem Abstieg von 700 Höhenmetern auf steinigem Pfad gelangt man zur nur zu Fuß erreichbaren **Fajã da Caldeira do Santo Cristo,** in deren Strandsee – einzigartig auf den Azoren – Venusmuscheln *(amêijoas)* leben. An der Küste entlang geht es über die verlassene Fajã do Belo nach Fajã dos Cubres.

Weiter Richtung Westen schiebt sich unterhalb von Norte Grande die **Fajã do Ouvidor** **12** als schwarzer Fächer ins Meer vor. An den Lavafelsen am Hafen bricht sich die Brandung.

Für die Rückfahrt zur Südküste empfiehlt es sich, die ER 3-2 nach Urzelina über den Hauptkamm der Insel zu nehmen. Am höchsten Punkt der Passstraße, in etwa 700 m Höhe, beginnt eine schöne mittelschwere Höhenwanderung (4,5 Std.), die zum **Pico da Esperança** (1083 m) und weiter an der Nordflanke des Gipfelkamms abwärts bis Norte Pequeno führt.

Restaurant

O Amilcar

Fajã do Ouvidor][Tel. 295 417 448

Direkt am Hafen gelegen, einladende Terrasse. Frischer Fisch vom eigenen Boot sowie deftige regionaltypische Küche. Tgl. geöffnet. ●

Flores und Corvo

Nicht verpassen!

- Lauschige Kraterseen erkunden
- Die üppige Flora der »Blumeninsel« bestaunen
- Abenteuerliche Bootsfahrten unternehmen
- Auf Corvo die Gelassenheit der Bewohner bewundern

Zur Orientierung

Flores, die größere der beiden Inseln am westlichen Rand Europas, ist durch ihr mildes, regenreiches Klima ein Pflanzenparadies. Im Sommer sind überall Hortensienblüten auf der »Blumeninsel« zu sehen, dazwischen gedeihen Strauchrosen und Agapanthus. Flechten, Farne und Moose überziehen das Hochplateau, in das stille Kraterseen eingebettet sind. Im Westen ducken sich unter der schroffen Steilküste Fischerdörfer auf winzigen Küstenebenen.

Ein mehrtägiger Aufenthalt auf Flores empfiehlt sich vor allem für Wanderer, aber auch Bootsausflüge, Seekajakfahrten und Tauchen sind möglich. Als zentraler Standort hat die Inselhauptstadt **Santa Cruz das Flores** mit ihrer nostalgischen Atmosphäre ihren Reiz. In **Lajes** kommen die Fährschiffe an, am meisten los aber ist im Badeort **Fajã Grande**.

Corvo punktet mit Beschaulichkeit und Ruhe. Die meisten Besucher kommen im Rahmen eines eintägigen Ausflugs von Flores aus auf die kleinste Azoreninsel. Wer den zentralen Krater erwandern möchte, sollte indes eine Übernachtung in **Vila Nova do Corvo,** dem einzigen Ort auf der Insel, einplanen. Corvo ist seit 2007 UNESCO-Biosphärenreservat, Flores seit 2009.

Blick auf Mosteiro an der Westküste von Flores

Touren in der Region

Die zwei Westinseln intensiv

(17) Santa Cruz › Lajes das Flores › Costa › Fajã Grande › Lagoas › Ponta Delgada › Farol do Albarnaz › Corvo › Caldeirão › Vila Nova do Corvo

Länge: 3 Tage; Fahrstrecke: 1. Tag: 55 km; 2. Tag: 36 km; 3. Tag: 12 km
Verkehrsmittel: Leihwagen oder Taxi; am 3. Tag Bootsfahrt nach Corvo, dort Taxi. Die Überfahrt nach Corvo sollten Sie rechtzeitig organisieren › S. 134.

An der Küste entlang geht es von **Santa Cruz** › S. 135 Richtung Süden; auf der kurvenreichen Strecke folgt ein Aussichtspunkt auf den nächsten. Natursteinhäuser, romantische Mühlen und üppiges Grün säumen die Straße. Nach einem kurzen Besuch in **Lajes das Flores** › S. 137 folgt eine Allee, die das Hochland der tiefgrünen Kraterseen **Lagoa Funda** und **Lagoa Rasa** › S. 137 quert. In **Costa** › S. 137 gibt es heiße Quellen zu besichtigen, in **Fajã Grande** › S. 138 drängt sich das Restaurant Balneário am Badeplatz zur Mittagspause geradezu auf.

Auf der Rückfahrt nach Santa Cruz lohnen sich Abstecher zu den fünf ***Lagoas** (Kraterseen) › S. 138.

Der Norden von Flores wird wenig besucht. Umso interessanter ist der Ausflug am zweiten Tag dorthin. Nach einem Spaziergang durch das recht ursprüngliche **Ponta Delgada** › S. 137 packen Sie am windumtosten Leuchtturm **Farol do Albarnaz** dann vielleicht das mitgebrachte Picknick aus, bevor es auf derselben Strecke zurück nach Santa Cruz geht. Der dritte Tag ist *****Corvo** gewidmet. Hier können Sie sich per Taxi zum **Caldeirão** › S. 139 fahren lassen. **Vila Nova do Corvo** › S. 139 bietet ein interessantes Umwelt- und Kulturzentrum.

Zwei Wanderungen auf der Blumeninsel

(18) Lagoa Rasa › Lagoa Funda › Fajã Grande › Ponta Delgada

Länge: 2 Tage; Fahrstrecke/Wanderzeit: 1. Tag: 42 km/1,5 Std.; 2. Tag: 41 km/3,5 Std.
Verkehrsmittel: Taxi.

Die erste Wanderung auf einem alten Verbindungsweg hat es trotz ihrer Kürze in sich. Sie erschließt die beiden mit Kraterseen **Lagoa Rasa** und **Lagoa Funda** › S. 137 im Südwesten der Insel.

Eine längere, mittelschwere Tour führt von **Fajã Grande** › S. 138 entlang der nordwestlichen Steilküste und endet ganz im Norden, in **Ponta Delgada** › S. 137.

Verkehrsmittel

■ **Flughafen:** Auf Flores (FLW) liegt er unmittelbar am Westrand von Santa Cruz (zum Zentrum 10 Min. zu Fuß, Taxi ca. 3 €; Überlandbusse halten auch am Flughafen). Die SATA fliegt 1–2 x tgl. nach Horta (Faial) sowie je ca. 2 x pro Woche nach Corvo, Terceira und Ponta Delgada (São Miguel).

Auf Corvo (CVU) liegt der Flughafen westlich von Vila Nova (Anbindung mit Sammeltaxis). Mit SATA pro Woche ca. 2 x nach Flores, 3 x nach Horta (Faial) und 2 x nach Terceira.

■ **Schiffsverbindungen:** Von Lajes das Flores mit der Autofähre der Atlântico Line Mitte Juni bis Anfang Sept. 1 x pro Woche von/nach Horta (Faial), dort Anschluss auf andere Inseln.

Die Personenfähre »Ariel« der Atlântico Line pendelt ganzjährig an 2–4 Tagen/Woche je 2 x von Santa Cruz das Flores nach Corvo (12 Plätze, einfach 10 €, Fahrzeit 40 Min., Tickets im Posto de Atendimento ao Cidadão, Santa Cruz, Praça Marquês de Pombal, Mo-Fr 9–12, 13–16.30 Uhr). Für Tagesausflüge nach Corvo gibt es in Santa Cruz mehrere Anbieter mit kleineren Booten (Kontakt über Hotels). Von Corvo kann man auch das Bootstaxi von Nauticorvo nach Flores nehmen (Vila Nova, Caminho da Horta Funda, Tel. 917 763 065, 150 €).

■ **Busse:** Auf Flores ab Santa Cruz auf der Nordroute nach Ponta Delgada und der Südroute nach Fajã Grande/Lajes Mo, Mi, Fr je 1 x tgl., am Do 1 x von Fajã Grande nach Santa Cruz direkt.

Auf Corvo verkehren Sammeltaxis nach Bedarf. Zum Caldeirão hin und zurück 6 € pro Person.

Wichtige Adressen

Offizielles Infobüro:

- **Posto de Turismo,** 9970-331 Santa Cruz das Flores, Rua Dr. Armas da Silveira, Tel. 292 592 369 pt.flo@azores.gov.pt. Mo–Fr 9–12.30, 14–17.30 Uhr; Infostelle im Flughafen nur Juli/ Aug. Mo–Sa 12–13.30, 16 bis 17.30 Uhr.

Büros der Fluggesellschaft SATA:

- Flores: **Santa Cruz das Flores,** Rua Senador André Freitas 5, Tel. 292 592 284.
- Corvo: Flughafen, Tel. 292 596 189.

12 Unterwegs auf ***Flores

Santa Cruz das Flores 1

Die Stadt wartet mit einigen Attraktionen auf: dem Hausberg **Monte das Cruzes**, der – allerdings arg renovierungsbedürftigen – **Igreja N. S. da Conceição** (19. Jh.) und dem **Museu das Flores.** Letzteres hat seinen Hauptsitz im ehemaligen Franziskanerkloster São Boaventura. Die volkskundliche Ausstellung veranschaulicht den Inselalltag der Ackerbauern und Viehzüchter im 19. Jh. (Largo da Misericórdia, Tel. 292 592 159; Mo–Fr 9–12.30, 14–17.30 Uhr; Eintritt 1 €).

Demnächst soll eine Außenstelle des Museums in der ehemaligen Walfabrik am Nordrand der Stadt eine Ausstellung über den Walfang zeigen. Bereits eröffnet wurde nebenan das **Centro de Interpretação Ambiental do Boqueirão** mit Infotafeln zur Inselnatur und virtuellen Aquarien. Es wird auch als Besucherzentrum für den im Aufbau befindlichen Naturpark Flores fungieren (Mo–Fr 9–12, 13 bis 17 Uhr, Eintritt frei).

Santa Cruz das Flores: Igreja Nossa Senhora da Conceição

Die Walfabrik steht am **Porto do Boqueirão,** einem der drei Häfen von Santa Cruz. Für die normalen Fischer war und ist allerdings der stadtnähere **Porto Velho** (alte Hafen) das Ziel; die Fähre nach Corvo startet im **Porto das Poças.**

Hotels

Hotel Ocidental
Av. dos Baleeiros][Tel. 292 590 100
www.hotelocidental.com
An der Felsküste gelegenes Hotel im Reihenhausstil. Die angenehmen Zimmer verfügen über Balkon oder Terrasse. Felsbadeanlage nahebei. Eigenes Tauchcenter. ●●

Hospedaria Maria Alice Pereira
Rua N. S. do Rosário 3
Tel. 292 592 458
Flughafennahe gepflegte Pension. ●

Restaurant

Baleia Ocidental
Zona Industrial de Boqueirão
Tel. 292 592 462
Modernes »Walfängerambiente«, guter Fisch. So geschl. ●●

(17) **Die zwei Westinseln intensiv** Santa Cruz › Lajes das Flores › Costa › Fajã Grande › Lagoas › Ponta Delgada › Farol do Albarnaz › (Karte S. 139) Corvo › Caldeirão › Vila Nova do Corvo

(18) **Zwei Wanderungen auf der Blumeninsel** Lagoa Rasa › Lagoa Funda › Fajã Grande › Ponta Delgada

Gruta dos Enxaréus

Die 7 km südlich von Santa Cruz an der Felsküste gelegene Höhle, deren Eingang einem riesigen Kirchenportal ähnelt, ist nur von See her zu erreichen. Mehrere Anbieter fahren mit Schlauch- oder Hartschalenbooten ab Santa Cruz zur Grotte und in diese hinein. Der 50 m lange und 25 m breite Hohlraum diente einst Piraten als Unterschlupf. Auch unterwegs gibt es entlang der Küste viel zu sehen: bizarre Felsformationen und kleinere, von der Brandung ausgewaschene Höhlen. Die Gruta dos Enxaréus ist nach der Stachelmakrele *(enchareu)* benannt, einer bei Anglern beliebten Fischart, die sich häufig am Höhleneingang aufhält.

Der Norden

Auf einem Hügel thront in **Fazenda de Santa Cruz** 2 die Igreja Nossa Senhora de Lourdes. Oberhalb des Ortes liegt idyllisch in ein Waldgebiet eingebettet der **Parque Florestal** mit Picknicktischen, Forellenzucht und kleinem Umwelt-Informationszentrum.

Ein Abstecher nach **Ponta Ruiva** 3 lohnt sich ebenfalls für ein kleines Picknick. Das Dorf klebt zwischen winzigen Terrassenfeldern an der Steilküste. Unten breitet sich **Ponta Delgada** 4 auf einer Landzunge aus. Eine schmale Straße folgt der Küste weiter nach Westen bis zum Leuchtturm **Farol do Albarnaz,** wo man die ganze Gewalt des Windes und der Wellen zu spüren bekommt.

Lajes das Flores 5

Das zweite Verwaltungszentrum der Insel ist eigentlich nicht viel mehr als ein Dorf, aber ein nettes und inseltypisches. Für Besucher, der per Autofähre anreisen, ist Lajes erste Anlaufstation auf Flores.

Hotel

Hospedaria Casa da Fazenda
Fazenda das Lajes][Tel. 292 593 326
www.hospedariatelmasilva.com
Drei Gästezimmer in gefälligem Neubau, 1 km außerhalb von Lajes. Telma Silva vermietet auch Apartments im Stadtzentrum.

Der Süden

Von Lajes geht es durch Alleen zur Westküste. Nördlich der Straße liegen die Kraterseen **Lagoa Funda** und **Lagoa Rasa,** die auf Spaziergänger warten. Sie sind aber auch auf einem anspruchsvollen Wanderweg (1,5 Std.) zu erreichen, ab der Kurve an der ER 1-2a, wo links die Straße nach Costa abzweigt. Genau gegenüber beginnt der **Caminho do Bugio, ein alter wildromantischer Verbindungsweg,** der löchrig und im Sommer recht zugewachsen ist. Er mündet am Fuß des **Bugio** (591 m) in einen breiteren Weg, auf dem man bergab zu einer Erdpiste läuft. Auf dieser bietet sich links ein Abstecher zur kleineren Lagoa Rasa an. Zur ER 1-2a hinunter geht es rechts, an der Lagoa Funda vorbei. Mit seinen kleinen Sandstränden und der üppigen Vegetation rundum gilt der See als schönster von Flores.

Echt gut!

Nach **Lajedo** locken die heißen Quellen im Ortsteil **Costa.** Zu ihnen führt ein beschilderter Fußweg von den letzten Häusern 30 Min. unterhalb einer Felswand entlang (Trittsicherheit erforderlich).

Nördlich von Lajedo ragen, von einem Miradouro an der Hauptstraße sichtbar, die mächtigen, sechseckigen Basaltsäulen der ***Rocha dos Bordões** auf.

Fajã Grande 6

Fast schon quirlig geht es in Fajã Grande zu. Nicht zuletzt gibt es hier einen großartigen Sonnenuntergang zu bestaunen.

Echt gut!

Der Ort ist Ausgangspunkt für eine **beliebte Wanderung an der Nordwestküste,** die nach 3,5 Std. in Ponta Delgada › S. 137 endet. Zunächst geht es auf einer schmalen Straße Richtung Norden. Erster Höhepunkt ist nach 15 Min. der rechter Hand über einen schmalen Pfad erreichbare Wasserfall am **Poço do Bacalhau.** Die Straße endet nach 30 Min. im Weiler **Ponta da Fajã.**

Es folgt ein Anstieg von über 400 Höhenmetern durch die dicht mit Gebüsch überwucherte Felsküste bis zu deren oberer Kante, auf der es gemütlicher weitergeht, wobei allerdings eine Reihe flacher Bachbetten gequert werden muss. Unterwegs ergeben sich lohnende Ausblicke auf die vorgelagerte Felsinsel **Ilhéu de Maria Vaz.** Nach rund 3 Std. Gehzeit kommt man an eine schmale Straße, die von Ponta Delgada › S. 137 heraufführt. Auf dieser läuft man hinab in den Ort.

Die Küste von Flores bietet eine wildromantische Szenerie der Grotten, Wasserfälle und Klippen

Hotel

Residencial Argonauta
Rua Senador André de Freitas
Tel. 292 552 219
www.argonauta-flores.com
Drei individuell gestaltete Zimmer und zwei Suiten stellt der Italiener Pierluigi Bragaglia von April bis Oktober bereit. Er bietet außerdem geführte Touren per Pedes, Jeep oder Kajak an. Über Flores hat er im Übrigen einen **Wanderführer** verfasst, der auch ins Englische übersetzt ist (2009 neu aufgelegt). ●●

Restaurant

Balneario
am Hafen und Badeplatz
Tel. 292 552 170
Große Portionen, viele einheimische Gäste. Mit geräumiger Außenterrasse für einen Drink. ●●

Ausflug zu den *Lagoas

Fast schnurgerade verläuft die ER 2-2a über das Plateau im Inselinneren. Rechts und links der Straße liegen fünf eindrucksvolle Kraterseen. Besonders schön ist die **Lagoa Negra** (früher Caldeira Funda), zu der eine kurze Stichstraße führt. Die Kraterseen lassen sich bei Wanderungen entdecken, die man am besten mit kundigem Führer unternimmt.

Unterwegs auf ***Corvo

Vila Nova

Seit 1832 darf sich Vila Nova do Corvo trotz seiner geringen Gôße (400 Einw.) Stadt nennen. Die meist einstöckigen Häuser haben dunkle Natursteinmauern. Wie eh und je trifft man sich vor der **Igreja Nossa Senhora dos Milagres** (1795), in den wenigen Cafés oder auf dem Largo do Outeiro. In der Canada da Graciosa informiert in zwei historischen Häusern das moderne Informationszentrum **Centro de Interpretação Ambiental e Cultural** mit Mediathek und Museumsshop über die sehr spezielle Natur und Kultur der Insel.

Hotel

Guest House Comodoro
Caminho do Areeiro
Tel. 292 596 128
http://guesthousecomodoro.bravehost.com
Familiäre Pension an der Straße zum Caldeirão, mit Panoramablick. Zur Verfügung stehen sieben recht komfortable Zimmer. ●

(17)

Die zwei Westinseln intensiv
(Karte S. 136) Santa Cruz › Lajes das Flores › Costa › Fajã Grande › Lagoas › Ponta Delgada › Farol do Albarnaz › (Karte nebenstehend) Corvo › Caldeirão › Vila Nova do Corvo

Restaurant

O Caldeirão
Caminho Moinhos
Tel. 292 596 018
Direkt beim Flugplatz. Regionale Küche. ●

Der Caldeirão

Zu Fuß dauert der Weg zum Kraterrand zwei Stunden, per Taxi (hin und zurück ca. 6 €) geht es schneller, vorbei an ummauerten Feldern und Weiden. Am Rand des bereits vor über 1 Mio. Jahren erloschenen Vulkans überwältigt der fantastische Blick. 300 m tiefer liegen zwei Seen. Von den winzigen grünen Inseln in diesen Lagoas sagen die Azorianer, sie seien ein Abbild ihres Archipels.

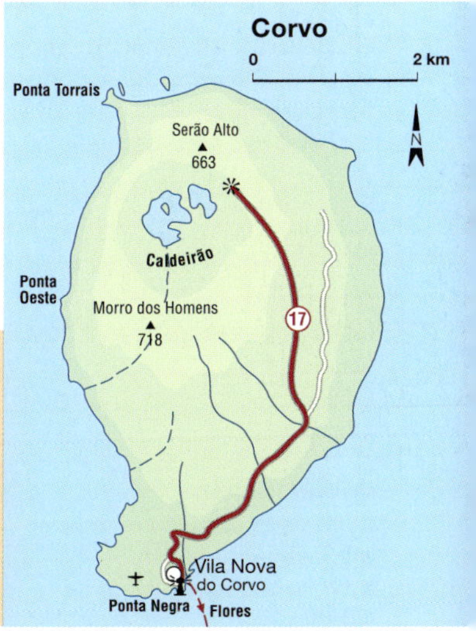

Infos von A bis Z

Ärztliche Versorgung – Apotheken

Jeder Gemeindehauptort hat ein Krankenhaus *(hospital)* mit Notfallaufnahme *(urgência)* oder ein Gesundheitszentrum *(Centro de Saúde)*. Nicht immer wird die Europäische Krankenversicherungskarte (EHIC) akzeptiert. Daher empfiehlt sich eine private Reisekrankenversicherung. Apotheken (*farmácias;* grünes Kreuz) öffnen meist Mo–Sa 9–13, 15–19, teils auch So 9–13 Uhr.

Banken – Geld

Die Azoren gehören zur Euro-Zone. Mit ec/Maestro- bzw. Kreditkarte und PIN kann an Geldautomaten *(Multibanco)* Bargeld abgehoben werden. Kreditkarten (v. a. Visa, Mastercard) und EC-Karten (Maestro, VPAY) werden in vielen Hotels, Restaurants usw. akzeptiert. VPAY funktioniert nur dort, wo ein Chiplesegerät vorhanden ist.

Einreise

Für EU-Bürger und Schweizer gibt es keine Einreisekontrollen; Ausweispapiere müssen aber bei Fluggesellschaften, Hotels usw. vorgelegt werden.

Elektrizität

220 Volt/50 Hertz Wechselstrom.

Feiertage

1. Januar, Karfreitag, 25. April, 1. Mai, Fronleichnam, 10. Juni, 15. August, 5. Oktober, 1. November, 1., 8. und 25. Dezember.

Informationen

- **Portugiesisches Tourismusbüro:**
www.visitportugal.com
www.turismodeportugal.pt
Anfragen an: info@visitportugal.com

Öffnungszeiten

- **Geschäfte:** Mo–Fr 9–13, 15–18 Uhr, Sa 9–13 Uhr; Einkaufszentren auch länger.
- **Banken:** Mo–Fr 8.30–14.45 Uhr.
- **Postämter:** meist Mo–Fr 9–13, 15–18 Uhr.

Shopping

Ein wirkliches Einkaufsparadies sind die Azoren nicht. Als Mitbringsel interessant sind Kunsthandwerk › S. 41, Käse und andere kulinarische Spezialitäten › S. 46.

Telefon

Telefonkarten *(Telecom Card PT)* für Telefonzellen gibt es in Postfilialen und Kiosken. GSM-Handys funktionieren überall.

Vorwahlnummern: Deutschland 00 49, Österreich 00 43, Schweiz 00 41. Portugal (Azoren) 00 351, keine Ortsvorwahlen.

Notruf: Tel. 112

Zoll

In EU-Länder keine Beschränkungen.

In die Schweiz dürfen eingeführt werden: 1 l Spirituosen über 22 Vol.-%, 2 l Wein, 200 Zigaretten oder 50 Zigarren, Souvenirs im Wert von 300 CHF.

Urlaubskasse	
Tasse Kaffee	0,70–2 €
Softdrink	0,80–2,50 €
Glas Bier	0,80–3 €
Sandes (Sandwich)	ca. 2,50 €
Eis (Cornetto)	1,50 €
Taxifahrt (pro km)	0,60–0,75 €
Mietwagen/Tag	ab 50 €

Register

Bildnachweis

Alamy/Jon Arnold Images: 114; Alamy/G. Avila: 39; Alamy/fan travelstock: 105; Alamy/TNT Magazine: U2-Top12-7; Alamy/Westend61/Scholpp: U2-Top12-3, 70; Bildagentur Huber/ Gräfenhein: U2-Top12-1, U2-Top12-2, U2-Top12-4, U2-Top12-12, 6/7, 20, 26, 48/49, 50, 75; Fotodesign Stadler: 18, 67, 96, 103; iStockphoto/Prill Mediendesign & Photographie: 56; Volkmar Janicke: U2-Top12-10, 64, 91, 117; laif/Rolf Osang: 2-1, 2-2, 11, 22, 24, 34, 46, 68; laif/Karl Heinz Raach: 87, 132; laif/4SEE/Pedro Guimaraes: 107; Susanne Lipps: 9, 21, 33, 89; mauritius-images/Michael Obert: U2-Top12-6; Stefan U. Mühleisen: U2-Top12-9, 43, 109, 110, 120, 131, 135, 138; Dirk Renckhoff: 57; Thomas Stankiewicz: U2-Top12-5, U2-Top12-8, U2-Top12-11, 12, 13, 15, 28/29, 40, 76, 82, 84, 95, 96, 118, 123; Andreas Stieglitz: 2-3, 38, 93, 129.

Polyglott im Internet: www.polyglott.de

Impressum

Wir freuen uns, dass Sie sich für einen Reiseführer aus dem Polyglott-Programm entschieden haben. Auch wenn alle Informationen aus zuverlässigen Quellen stammen und sorgfältig geprüft sind, lassen sich Fehler nie ganz ausschließen. Wir bitten um Verständnis, dass der Verlag dafür keine Haftung übernehmen kann. Ihre Hinweise und Anregungen sind uns wichtig und helfen uns, die Reiseführer ständig weiter zu verbessern. Bitte schreiben Sie uns:

GVG TRAVEL MEDIA GmbH, ein Unternehmen der GANSKE VERLAGSGRUPPE
Redaktion Polyglott, Harvestehuder Weg 41, 20149 Hamburg, redaktion@polyglott.de

Wir wünschen Ihnen eine gelungene Reise!

Herausgeber: GVG TRAVEL MEDIA GmbH
Redaktionsleitung: Grit Müller
Autoren: Stefan U. Mühleisen, Manfred Meding und Susanne Lipps
Neukonzeption: Susanne Lipps
Redaktion: Werkstatt München • Buchproduktion
Lektorat: Martin Waller
Bildredaktion: GVG TRAVEL MEDIA GmbH und Ulrich Reißer
Layout: Ute Weber, Geretsried
Titeldesign-Konzept: Studio Schübel Werbeagentur GmbH, München
Karten und Pläne: Kartografie GVG TRAVEL MEDIA GmbH, Hamburg
Satz: Schulz Bild & Text, Mainz
Druck und Bindung: Stürtz Mediendienstleistungen, Würzburg

Printed in Germany
Dieses Buch wurde auf chlorfrei gebleichtem Papier gedruckt.
ISBN 978-3-8464-0942-8

PEFC
PEFC/04-31-1404

Langenscheidt Mini-Dolmetscher Portugiesisch

Allgemeines

Guten Tag.	Bom dia. [bõ **dia**]
Hallo!	Olá! [o**la**]
Wie geht's?	Como está? [**ko**mu‿isch**ta**]
Danke, gut.	Tudo bem, obrigado (m.) / obrigada (w.). [**tu**du bẽj ubri**ga**du / ubri**ga**da]
Ich heiße …	Chamo-me … [**scha**mu‿me]
Auf Wiedersehen.	Até logo / Adeus. [a**te lo**gu / a**de**·usch]
Morgen	manhã [man**jã**]
Nachmittag / Abend	tarde [**tar**də]
Nacht	noite [**noj**tə]
morgen	amanhã [aman**jã**]
heute	hoje [**o**schə]
gestern	ontem [**õn**tẽj]
Sprechen Sie Deutsch / Englisch?	Fala alemão / inglês? [**fa**la‿alə**mãu** / in**glesch**]
Wie bitte?	Como, desculpe? [**ko**mu diseh**kul**pə]
Ich verstehe nicht.	Não entendo. [nãu ĩn**tẽn**du]
Sagen Sie es bitte nochmals.	Se faz favor, repita. [sə **faseh** fa**wor** re**pi**ta]
Bitte, …	Se faz favor, … [sə **faseh** fa**wor**]
danke	obrigado (m.) / obrigada (w.) [ubri**ga**du / ubri**ga**da]
Keine Ursache.	De nada. [də **na**da]
was / wer / welcher	o que / quem / qual [u ke / kẽj / kwal]
wo / wohin	onde / para onde [**õn**də / **pa**ra **õn**də]
wie / wie viel	como / quanto [**ko**mu / **kwãn**tu]
wann / wie lange	quando / quanto tempo [**kwãn**du / **kwãn**tu **tẽm**pu]
warum	porquê [pur**ke**]
Wie heißt das?	Como se diz? [**ko**mu sə **diseh**]
Wo ist …?	Onde está …? Onde fica …? [õndə‿isch**ta** / õndə‿**fi**ka]
Können Sie mir helfen?	Podia-me ajudar? [pu**dia**‿mə aseh**udar**]
ja	sim [sĩ]
nein	não [nãu]
Entschuldigen Sie.	Desculpe. [diseh**kul**pə]
Das macht nichts.	Não faz nada. [nãu faseh **na**da]

Shopping

Wo gibt es …?	Onde há …? [**õn**də **a**]
Wie viel kostet das?	Quanto custa isto? [**kwãn**tu **kusch**ta **isch**tu]
Das ist zu teuer.	É caro demais. [e **ka**ru də**maisch**]
Das gefällt mir (nicht).	Eu (não) gosto disso. [eu (nãu) **gosch**tu **di**ssu]
Wo ist hier eine Bank?	Onde há um banco? [**õn**də a ũ‿**bãn**ku]
Ich möchte 100 g Käse / zwei Kilo Orangen.	Queria cem gramas de queijo / dois kilos de laranjas. [ke**ri**a sẽj **gra**masch də **kej**sehu / dojsch **ki**lusch də la**rãn**sehasch]
Haben Sie deutsche Zeitungen?	Tem jornais alemães? [tẽj sehur**najsch** alə**mãjsch**]
Wo kann ich telefonieren?	Onde posso telefonar? [**õn**də **po**ssu telefu**nar**]

Essen und Trinken

Die Speisekarte bitte.	A ementa, se faz favor. [a e**mẽn**ta sə faseh fa**wor**]
Brot	pão [pãu]
Kaffee	café [ka**fe**]
Tee	chá [scha]
mit Milch / Zucker	com leite / açúcar [kõ **lei**tə / a**ßu**kar]
Orangensaft	sumo de laranja [**ßu**mu də la**rãn**seha]
Suppe	sopa [**ßo**pa]
Fisch / Meeresfrüchte	peixe / mariscos [**pei**schə / ma**risch**kusch]
Fleisch / Geflügel	carne / aves [**kar**nə / **a**wəsch]
vegetarisches Gericht	prato vegetariano [**pra**to wəsehətar**ja**nu]
Eier	ovos [**o**wusch]
Salat	salada [sa**la**da]
Dessert	sobremesa [sobrə**me**sa]
Obst	fruta [**fru**ta]
Eis	gelado [sehə**la**du]
Wein	vinho [**win**ju]
weiß / rot / rosé	branco / tinto / rosé [**brãn**ku / **tĩn**tu / ro**se**]
Bier	cerveja [ser**we**seha]
Aperitif	aperitivo [aperi**ti**wu]
Wasser	água [**a**gwa]
Mineralwasser	água mineral [**a**gwa mine**ral**]
mit / ohne Kohlensäure	com / sem gás [kõ / sej gas]
Ich möchte bezahlen.	A conta, se faz favor. [a **kõn**ta, sə faseh fa**wor**]